जीवन का सार - शून्य से विभाजन

सतत विकास का वैज्ञानिक दृष्टिकोण

'कैलाशी' पुनीत डी. | डॉ कमल कांत हिरन | डॉ इंदु शर्मा

ॐ

आदरणीय गुरुजन , पापा - मम्मी
माही , भुवि , कलरव , सांख्य , पुरवाई , वेदांत
डॉ. रूचि एवं लवीना
डॉ. पंकज त्रिवेदी , जी. एल. शर्मा , पुष्पा शर्मा एवं महेंद्र दोशी

विशेष आभार आवरण रचनाकार - प्रभु चरण एवं हिमनीश
मिख टेक सॉलूशन्स एल. एल. पी.

क्रम-सूची

भूमिका

प्राकृतिक विज्ञान की मौलिक अवधारणा, जिसमें प्रकृति अपनी प्राकृतिक अवस्था में खुद को कैसे बनाए रखती है और इस ग्रह पर रहने वाली सभी प्रजातियों का पर्यावरण के साथ अंतर सम्बन्ध पर विचार करता हैं। प्रथम अध्याय प्रकृति के विज्ञान की व्याख्या करता है कि प्राकृतिक मानव-प्रकृति नेटवर्किंग कैसे काम करती है, और कैसे यह रिश्ता चक्र प्रणाली के अनुसार स्थायी है और हमेशा आगे बढ़ता रहता है । जैसे भौतिक विज्ञान में ऊर्जा और पदार्थ के बीच संबंध होता है, प्रकृति और प्रजातियों के बीच भी संबंध होता है। प्राकृतिक संसाधन वितरण दूसरे अध्याय का फोकस है, जो दर्शाता है कि कैसे प्रकृति अपने सभी संसाधनों को पूरे ग्रह पर वितरित करती है और शून्य से विभाजित नियम को शामिल करके अनंत परिणामों तक पहुंचती है। इसने यह स्पष्ट करने का प्रयास किया है कि प्रकृति के प्राकृतिक नियमों को अपनाकर और प्रकृति में मौजूद साझाकरण के नियम पर प्रकाश डालकर प्रकृति के प्रबंधन जैसे मौलिक परिवर्तन लाकर मानव दुनिया अपने अस्तित्व को और अधिक समावेशी कैसे बना सकती है। हमें अपने व्यवहार और संज्ञानात्मक प्रक्रिया को बदलने की जरूरत है, न कि प्रकृति के साथ प्रतिक्रिया करने और इसे प्रतिक्रिया का मौका देने के लिए प्रतीक्षा करने के बजाय । तीसरा अध्याय स्वाभाविक रूप से जीने से संबंधित है। हमने प्रकृति के साथ स्वाभाविक रूप से रहने के लिए रणनीतियों और दृष्टिकोणों की एक सूची संकलित करने की पूरी कोशिश की। हम मनुष्यों का मानना है कि हम इस ग्रह पर एकमात्र ऐसी प्रजाति हैं जो अन्य ज्ञात या अज्ञात प्रजातियों की तुलना में सभी पहलुओं में पूरी तरह से विकसित हुई हैं। सृष्टिकर्ता ने सब कुछ एक कारण से बनाया है, और प्रकृति के चक्र पर आगे बढ़ने के लिए उसकी उपस्थिति आवश्यक है। जो बनाया गया है उसकी उपेक्षा नहीं की जानी चाहिए। जैसे-जैसे लुप्तप्राय प्रजातियों की सूची में लुप्तप्राय प्रजातियों की संख्या बढ़ती जा रही है, स्थिति भयावह है। यह अध्याय इस बात पर

कुछ अंतर्दृष्टि देता है कि कैसे मनुष्य अपने जीवन को प्राकृतिक दुनिया में अधिक समावेशी बनाते हुए अनंत परिणामों तक पहुँच सकते हैं। इसी तरह प्रकृति कैसे काम करती है। अगले दो अध्याय नई तकनीकों पर जोर देते हैं, अर्थात् कृत्रिम बुद्धिमत्ता AI मशीन शिक्षा ML और कृत्रिम शिक्षा AL , उनकी तुलना प्राकृतिक बुद्धिमत्ता और प्राकृतिक शिक्षा से करते हैं, और विस्तृत विश्लेषण करते हैं कि ये नए दृष्टिकोण प्रकृति के हमारे दृष्टिकोण को बदलने में कैसे उपयोगी हो सकते हैं। छठेअध्याय में, स्वाभाविकता, तटस्थता, वास्तविकता और आभासीता के बीच अंतर पर चर्चा प्रस्तुत की गयी है। वास्तविकता से दूर और आभासीता की ओर जा रहे बौद्धिक जगत को तटस्थता को अपनाकर स्वाभाविकता की ओर कैसे अग्रसर किया जा सकता है। प्रकृति द्वारा प्रदान किए गए जीवन चक्र के प्राकृतिक चक्र का उपयोग करते हुए, सप्तमअध्याय इस बात पर प्रकाश डालता है कि कैसे वर्तमान दुनिया एक कृत्रिम जाल में फंस गई है। हम इसे तोड़ सकते हैं और वर्तमान दुनिया द्वारा प्रदान किए गए जीवन चक्र के प्राकृतिक चक्र में खुद को सम्मिलित करके जीने का एक वास्तविक और वास्तविक समावेशी तरीका ढूंढ सकते हैं। आठवें अध्याय में कृत्रिम इनपुट-आउटपुट मॉडल से पर्यावरण के प्राकृतिक इनपुट-इम्पैक्ट मॉडल में संक्रमण करके मानव अस्तित्व को प्रकृति के करीब लाने पर गहन बहस की गई है। इस अध्याय में, यह प्रदर्शित करने का प्रयास किया गया है कि प्रकृति के निर्णय और गतिविधियाँ शाश्वत क्यों हैं, लेकिन मनुष्य के निर्णय और कार्य नहीं हैं। हम जो कर रहे हैं उसे पूरा करने के लिए कार्यशैली, मानसिक प्रक्रिया और प्रेरणा में अंतर है। नतीजतन, एक तरफ, मानव अस्तित्व इनपुट से केवल आउटपुट प्राप्त करता है, जबकि दूसरी ओर, प्रकृति अपने दीर्घकालिक प्रभाव और प्रभावकारिता को प्रदर्शित करती है। प्रकृति के काम करने के तरीके और प्राकृतिक विकास प्रक्रियाओं पर नौवें अध्याय में विस्तार से चर्चा की गई है, जो दर्शाता है कि प्राकृतिक विकास एक प्राकृतिक प्रक्रिया है जो सर्वव्यापी और चल रही है और हर कोई सराहना कर सकता है। चाहे वह मानव जगत हो, पौधों का संसार हो, या कोई अन्य, पूरी दुनिया में हमारे बढ़ने की

जबरदस्त क्षमता है; स्वाभाविक रूप से, यहां तक कि ब्रह्मांड भी प्रकृति के उपहार के रूप में अत्यंत तीव्र गति से विस्तार कर रहा है। फर्क सिर्फ इतना है कि हम इंसान बाकी दुनिया के बजाय अपने ज्ञान के झूठे ढोंग की चपेट में हैं। मनुष्य स्वयं को शेष विश्व से अलग कर रहा है; यह शून्य को भरने और मानव जीवन के अंतिम उद्देश्य की ओर बढ़ने का समय है, जो कि ब्रह्मांड के निर्माता की इच्छा है। लेखक के अनुसार प्रकृति की गलतफहमी से उत्पन्न असमानता और जलवायु परिवर्तन जैसी विश्व चुनौतियों का उत्तर अंतिम अध्याय में बताया गया है। ये समस्याएं प्राकृतिक घटना होने के बजाय मानवीय गतिविधियों का परिणाम हैं। अगर हम प्रकृति के नियमों को समझते हैं और इसे खेल में भागीदार मानते हैं, तो हमें इसे एक निश्चित मात्रा में रॉयल्टी प्रदान करनी चाहिए। प्रकृति द्वारा किए गए प्रत्येक कार्य में प्रकृति की रॉयल्टी को पहचानना और वैश्विक चुनौतियों से निपटने के लिए इसे वैश्विक स्तर पर नियंत्रित करना आवश्यक है। 'वसुधैव कुटुम्बकम' इस तरह से कि सब कुछ सबके लिए है, यह मात्र एक पृथ्वी सभी के लिए हैं । प्राकृतिक संसाधनों का कम मूल्यांकन किया जाता है, जो समस्याओं का कारण बनता है। प्रकृति की रॉयल्टी-समता पर विचार करके, हम व्यावहारिक रूप से सभी महत्वपूर्ण समस्याओं को कम कर सकते हैं। इस सबका प्रबंधन करने के लिए आभासी हरी मुद्रा की शुरूआत करने की आवश्यकता है । दुनिया भर में इस सब का प्रबंधन करने, प्रकृति की अवसर लागत का आकलन करने, वैश्विक स्तर पर प्रकृति की रॉयल्टी का प्रबंधन करने और हमारे धीरे-धीरे बर्बाद हो रहे ग्रह को विलुप्त होने से बचाने के लिए आभासी हरी मुद्रा की शुरूआत की आवश्यकता है।हमारे लिए सामाजिक कल्याण के अनुकूलन और सार्वभौमिक कल्याण की दीर्घकालिक स्थिरता पर विचार करने का समय आ गया

विश्व की बढ़ती हुई जनसंख्या संख्या और पृथ्वी ग्रह पर सीमित स्त्रोत हम सभी को किसी न किसी रूप में सोचने के लिए बाध्य करती है, कि हम किस प्रकार प्रौद्योगिकी का सदुपयोग प्रकृति के लिए कर अपना योगदान दे सकते हैं! 21वीं शताब्दी में कई टेक्नोलॉजीज का

उपयोग किया जा रहा है, उनमें से आर्टिफिशियल इंटेलिजेंस अपना एक महत्वपूर्ण स्थान रखती है क्योंकि इसकी मदद से प्रकृति और मानव जाति के साथ एक गहरा रिश्ता बनाया जा सकता है! प्रौद्योगिकी का सदुपयोग करके पूरे विश्व में एक हरित क्रांति लाई जा सकती है!

यह पुस्तक "जीवन का सार : शून्य से विभाजन" आपको प्रकृति से जुड़ी कई सारी चीजों और आर्टिफिशियल इंटेलिजेंस प्रौद्योगिकी के बारे में प्रकाश डालती है |

पुस्तक में यह बताया गया है कि आप प्रकृति के साथ कैसे जुड़ सकते हैं और उस असीम आनंद का अनुभव कर सकते हैं जो कि जीवन में बहुत महत्वपूर्ण है | पुस्तक के माध्यम से यह बताया गया है कि आर्टिफिशियल इंटेलिजेंस एक महत्वपूर्ण प्रौद्योगिकी है जिसका उपयोग प्रकृति से जुड़े कई सुकार्यों में करके अनंत परिणाम प्राप्त किए जा सकते हैं!

हम सभी इसी बात में विश्वास करते हैं कि जो सच्ची खुशी है वह प्रकृति के साथ जुड़ने से ही मिलती है! आओ प्रकृति के साथ प्रौद्योगिकी का संगम बनाकर अनंत परिणाम प्राप्त करने की दिशा में कदम उठाया जाए!

1

बगुले की आत्मकथा

समानी व: आकूतिः समाना दयानि व: |
समानम् अस्तु वो मन: यथा व: सुसहा असति ||
यथा व: सुसहा असति ||
ऋग्वेद

यह ऋग्वेद का अंतिम 'श्लोक' है। अपने निष्कर्षों को एक होने दें (या वे एक जैसे हों), अपने दिलों को एक समान होने दें [ताकि "हर कोई" समाज में पृथ्वीवासियों के लिए समान तीव्रता से महसूस करे। यह सामान्य अनुभव हो सकता है कि सभी एक ही समस्या को 'तीव्रता' में महसूस नहीं करते हैं, जिसे हम व्यक्तिगत रूप से महसूस कर सकते हैं। इसके कारण उस समस्या को हल करने के लिए 'सामूहिक' प्रयासों की कमी हो सकती है]। अपने दिमाग को एक जैसा/समान सोचने दें। ये सभी कारक आपकी संगठनात्मक शक्ति को प्रभावशाली बनाते हैं। इस 'श्लोक' को 'संगठन-सूक्त' कहा जा सकता है, अर्थात् प्रभावशाली संगठन/राष्ट्र/वसुधैव कुटुम्बकं के निर्माण के लिए आवश्यक दिशा-निर्देश प्रस्तुत करता हैं।

इससे पहले कि आप यह पुस्तक पढ़ना शुरू करें आपके साथ दो बगुलों की कहानी साझा करना चाहता हूं।

एक बार एक जंगल में एक बगुला और उसका एक पुत्र रहता था यह दोनों ही अपने सभी सगे संबंधियों, अपनी पत्नी और चार भाइयों के साथ

रहते थे। परंतु जंगल में मानवों के बढ़ते हस्तक्षेप के कारण धीरे-धीरे सभी जानवर उस जंगल को छोड़कर आगे की ओर रुख करने लगे और कुछ वर्षों में बगुला पुत्र ने अपने चार भाई और माँ को खो दिया। अब यह अकेले ही जंगल में रह गए और मानव की बस्तियां इन तक पहुंच गईं। पिता बगुला अपनी पत्नी व बच्चों के खो जाने के गम में परेशान रहने लगा। परंतु उसके एकमात्र बचे पुत्र ने उसने कहा कि पिताजी क्या आप अब बुड्ढे हो गए हो? आप बुड्ढे हो गए हो तो शिकार कौन करेगा? और मुझे खाना कौन खिलाएगा? तो पिताजी ने कहा कि अब तुम अपना शिकार खुद करना सीखो और देखो कि आज जंगल वैसा नहीं रहा है जैसा पहले हुआ करता था। पुत्र बगुला क्योंकि नासमझ था और वह मानव की बस्ती के साथ एक तालाब के किनारे बड़ा हो रहा था। वह थोड़ा आलसी था। उसने सोचा क्यों ना अपनी भूख मिटाने के लिए मैं खुद ही शिकार करूं।

वह तालाब में गया और मछलियां ढूंढने लगा उसके हाथ एक छोटी मछली लगी जैसे ही उसने उस छोटी मछली को पकड़ा उस छोटी मछली ने अपनी जान बचाने के लिए बगुले को कहा अरे बगुले भैया मैं तो बहुत छोटी हूं, तुम मुझे मत खाओ मैं तुम्हें बड़ी मछली का पता बताती हूं। तुम उसे खाओ तो तुम बहुत दिन तक अपनी भूख मिटा सकोगे और तुम्हें बहुत मजा भी आएगा। यह सोचकर बगुले ने उस छोटी मछली को पानी में छोड़ दिया, उस छोटी मछली ने एक बड़ी मछली का पता उस बगुले को बताया और वह उस बड़ी मछली का शिकार कर अपने पिताजी के पास ले आया उन दोनों ने मिलकर उस मछली का कई दिनों तक आनंद लिया।

तीन दिन बाद जब वे मछली का आनंद ले रहे थे तो उन्हें उस मछली के पेट में से एक अंगूठी मिली। पुत्र बगुला आलसी तो था किन्तु मानवों के साथ रहकर बहुत तेज हो गया था। उसे जैसे ही वह अंगूठी दिखी उसने उस अंगूठी को लिया और वह उस अंगूठी को बेचकर पैसा कमाने और फिर आराम से बाजार से मछली खरीद कर खाने के सपने देखने लगा।उसे अब लगने लगा कि वह भी मानवों की तरह आरामदायक जीवन जी सकता है। उसके पिताजी ने उसे बहुत मना किया कि यह

हमारी प्रकृति नहीं है कि हम मानवों की तरह व्यवहार करें और अपने मूल स्वभाव को खो दें।

उनके बहुत मना करने के बाद भी पुत्र बगुला उस अंगूठी को लेकर बाजार में बेचने के लिए निकल गया। जब वह बाजार पहुंचा तो वहां उसकी मुलाकात एक खरगोश से हुई और उस खरगोश की मदद से उसने उस अंगूठी को बेचकर कुछ पैसा हासिल किया। उसी खरगोश ने उसे बताया कि इस पैसे से वह बाजार से कई दिनों तक मछलियां खरीद कर खा सकता है और आराम का जीवन जी सकता है। अपने आलसीपन के कारण वह इस नई जीवनशैली के लिए आतुर था और अब वह और उसके पिताजी दोनों ही आराम से बाजार से मछलियां खरीद कर खाने लगे और मजे से रहने लगे।

कुछ दिनों में जब उनके पैसे खत्म हो गए तब उन्हें पता चला कि अब क्या करें। इस स्थिति में जब उन्हें पुनः शिकार करने की आवश्यकता पड़ी तो पिताजी ने पुत्र बगुले को कहा कि तुम पुनः शिकार करो। जब पुत्र बगुला पुनः शिकार करने के लिए तालाब की तरफ बढ़ा तो उसने देखा कि बहुत प्रयास करने के बावजूद एक भी मछली उसके हाथ नहीं लग रही है। उसे लगा कि कहीं वह बहुत दिनों से शिकार नहीं करने से शिकार करना भूल तो नहीं गया है। लेकिन जब उसने आसपास देखा तो तालाब के किनारे और भी पक्षी थे। उनसे उसे पता चला कि अब इस तालाब में मछलियाँ नहीं रही है क्योंकि मानवों ने सभी मछलियां शिकार कर ली है। उदास होता हुआ वह अपने पिताजी के पास पहुंचा और उन्हें सारी घटना बताई, यह घटना सुनकर पिताजी चिंतित हुए।

पिताजी कहने लगे कि अब हम नहीं बचेंगे। क्योंकि हमारे पास अब खाने के लिए कुछ भी नहीं रहा और हम अब मछलियां भी नहीं खरीद सकते क्योंकि हमारे पास पैसे भी नहीं है। यह सुनकर चतुर बगुला उन पर हंसने लगा और कहने लगा कि पिताजी आपको पता नहीं है, इंसान किस प्रकार पैसा कमाते हैं?

उसके पिता ने कहा कि मैं पहले से तुम्हें कह रहा हूं कि तुम अपने मूल स्वभाव को मत खोओ, इंसानों की भांति मत बनो अन्यथा तुम्हारा जीवन नर्क बन जाएगा। मूर्ख बगुला हंसने लगा उसे लगा कि पिताजी

को यह सभी बातें समझ में आने वाली नहीं है। यह सोच कर उसने अपने पिताजी से कहा कि वह शाम तक कुछ न कुछ इंतजाम कर लेगा।

वह बाजार गया और पुनः अपने मित्र खरगोश से सलाह ली खरगोश ने बताया कि इंसानों ने सारी मछलियां अपने कब्जे में कर ली है। अब उसे शहर के किसी भी तालाब में कोई मछली मिलने वाली नहीं है, क्योंकि सभी मछलियों का ठेका दिया जा चुका है और कोई भी ठेकेदार उसे किसी भी तालाब में शिकार करने नहीं देगा। यह जानकर वह भी थोड़ा चिंतित हुआ परंतु उसने अपने मित्र खरगोश से पूछा कि अब उसे क्या करना चाहिए। खरगोश ने उसे बताया कि अब उसके पास एक ही चारा है कि वह पैसे कमाए और उनसे इस बाजार में मिलने वाली मछलियां खरीदें और खाए। यह सोच कर वह उसे बताने लगा कि वह चौराहे पर करतब दिखा सकता है, इंसानों की आवाज में बात कर सकता है और इससे उसे पैसे मिलेंगे। बगुले ने खरगोश से पूछा कि तुम कैसे पैसा कमाते हो? तो उसने कहा कि मुझे भी भगवान ने कुछ विशेषताएं दी हैं, जिनके दम पर में पैसा कमा लेता हूं और अपना जीवन यापन करता हूं।

बगुला बहुत खुश हुआ और उसने पहले दिन थोड़े बहुत करतब दिखाकर कुछ पैसा कमा लिया और शाम को वह मछली लेकर घर पहुंचा पिता-पुत्र ने आराम से मछली खाई और सो गए ऐसा कुछ दिनों तक चलता रहा। परंतु कुछ महीनों बाद बेटा काम तो उतना ही करता था परंतु उसे जो पैसे मिलते थे उससे पहले की तुलना में मछलियां आधी आने लगी और अब उसके लिए यह संभव नहीं था कि वह दो लोगों का पेट पाल सकें यह जानकर पिता बगुले ने अपने पुत्र से कहा कि उन्हें वापस जंगल में लौट जाना चाहिए । पुत्र ने बताया इसके लिए हमें नया जंगल बनाना होगा। दूर -दूर तक कोई जंगल नहीं रहा। यह सुनकर पिता बगुला पुत्र से बोला - पुत्र अब यह संसार मेरे जीने लायक नहीं रहा अतः अच्छा हो कि मैं यह संसार छोड़कर चला जाऊं। ऐसा कहते हैं पिता बगुला इस दुनिया में नहीं रहा। पुत्र बगुला अकेला रह गया और मानव जनित माया जाल में फसकर नारकीय जीवन गुजारने लगा।

कई वर्षों बाद बगुले को पुनः अपने मित्र खरगोश की याद आई और वह खरगोश से मिलने के लिए निकल पड़ा। जब कई वर्षों बाद वह खरगोश से मिला तो उसने देखा कि खरगोश ध्यान में लीन है। जब खरगोश ध्यान से उठा तो उसने उससे से पूछा कि भाई यह तुम क्या कर रहे हो? खरगोश ने उसे बताया कि वह ध्यान कर रहा है। उसने उससे जानना चाहा कि यह ध्यान क्या होता है? कैसे किया जाता है? और करने की आवश्यकता क्यों है?

खरगोश ने बताया कि वह अपनी दैनिक जीवन शैली से परेशान हो चुका है और वह हमेशा एक ही प्रकार का कार्य कर तंग आ चुका है और इस जीवन शैली में अपने मानसिक संतुलन को खो देने के डर से वह मेडिटेशन करने लगा है। जिससे उसका मानसिक संतुलन बना रहे। बगुले ने भी उसे बताया कि यही कुछ स्थिति उसकी स्वयं की हो रही है और वह भी अपनी इस नारकीय जीवन शैली से परेशान हो चुका है। हमेशा एक जैसा कार्य कर- करके वह दुखी हो गया है। खरगोश ने उसे बताया कि मेडिटेशन से उसे बहुत लाभ हुआ है और मेडिटेशन करने से वह अपना मानसिक संतुलन बनाए रख सकता है और उसे यह ज्ञात हुआ है कि किस प्रकार पुनः बिगड़ी हुई स्थितियों में सुधार किया जाए और आधुनिक जीवन शैली को छोड़कर प्राकृतिक जीवन शैली की तरह किस प्रकार लौटा जाए और प्राकृतिक जीवन शैली अपना कर अपने जीवन को किस प्रकार खुशहाल बनाया जाए। खरगोश ने उसे बताया कि प्रकृति ने सब कुछ दिया है। जैसा कि बगुले को भी ध्यान पड़ रहा था कि जब वह जंगल में रहता था तब उसे किसी बात की कोई चिंता नहीं हुआ करती थी और सभी चीजें विशेषकर मछलियां उसे आसानी से तालाब में मिल जाया करती थी।

प्रकृति अपने नियम से कार्य करती थी और जंगल के सभी पशु-पक्षी परस्पर निर्भरता के साथ अपना जीवन यापन करते थे। परंतु जैसे ही जंगल समाप्त हुए जैव विविधता प्रभावित हुई और यह प्राकृतिक चक्र बिगड़ गया और इसी का परिणाम आज सभी जीव भुगत रहे हैं।

खरगोश ने उसे बताया कि किसी भी जीव को अपने स्वभाव को नहीं खोना चाहिए परंतु बदलती पर्यावरणीय परिस्थितियां जीवों को उनके

स्वभाव को बदलने के लिए मजबूर कर रही हैं, उसी का यह परिणाम है कि आज प्रकृति - प्रजातिसंतुलन बिगड़ा है और इसकी स्थापना के लिए यह आवश्यक है कि जीव पुनः अपने मूल स्वभाव की ओर लौटे। जीव किस प्रकार से प्रयास कर पुनः प्राकृतिक जीवन शैली की ओर बढ़ सकते हैं और प्राकृतिक जीवन शैली अपनाकर अपने जीवन को खुशहाल बना सकते हैं । दोनों ने प्रकृति के नियमों को समझने और सतत विकास के प्राकृतिक मॉडल निर्माण का कार्य प्रारंभ किया।

खरगोश ने बगुले को प्राकृतिक जीवन शैली जीने की तरीकों के बारे में बड़े विस्तार से बताया आइए हम इस पुस्तक में यह जानने का प्रयास करते हैं कि खरगोश ने किस प्रकार से बगुले को बदलते हुए पर्यावरण, प्रकृति - प्रजाति नेटवर्क पुनः स्थापना और उसके आर्थिक प्रभावों के बारे में क्या बताया ?

2

सतत विकास की सीख- भारतीय जीवन दर्शन

अहमात्मा गुड़ाकेश सर्वभूताशयस्थितः |
अहमादिश्च मध्यं च भूतानामन्त एव च ||
"मैं सभी प्राणियों के हृदय में स्थित आत्मा हूँ। मैं सभी प्राणियों का आदि, मध्य और अंत हूं। इसलिए सभी प्राणियों के साथ एक जैसा व्यवहार किया जाना चाहिए।"
भगवद गीता श्लोक 20 अध्याय 10

इस अध्याय में हमने भारतीय संस्कृति व दर्शन (हिंदू दर्शन, जैन दर्शन, बौद्ध दर्शन, गांधीवादी विचारों , कौटिल्य एवं विवेकानंद) में प्रस्तुत विभिन्न दृष्टिकोणों को समझने का प्रयास किया है। हमें प्रकृति के नियमों के साथ सामंजस्य की सीख सदैव हमारे पूर्वजों की जीवन शैली से मिलती रही हैं जिसे हमने पिछले कुछ दशकों में भुला दिया था।

हम प्रकृति पर मात्र हमारी जरूरतों का ही नहीं वरन हमारे लालच की पूर्ति का भार भी लगातार डालते जा रहे हैं जिसे अब पृथ्वी ने वहन करना अस्वीकार कर दिया है और इसके संकेत हमें निरंतर अतिवृष्टि, अनावृष्टि व मौसम चक्र में व्यापक बदलावों से मिल रहे हैं। आज

आवश्यकता इस बात की है कि हम मात्र भौतिक लक्ष्यों को छोड़ सर्वांगिण मानव उत्थान के लिए एकजुट हो जाएं। हम हमारी पौराणिक सनातन संस्कृति में श्रद्धा रखकर प्रकृति प्रेम को जीवन में सहजता से आत्मसात करें एवं प्रकृति के नियमों को सीखें और उनका पालन करें।

• भारतीय जीवन दर्शन में प्रकृति प्रेम

भारतीय पौराणिक ग्रंथों में प्रकृति को ईश्वर तुल्य माना गया है। नदियां, वृक्ष, पर्वत, समुद्र, पशु, पक्षी, आकाश, सूर्य और चंद्रमा सभी आदिकाल से हमारे लिए पूजनीय रहे हैं।वेद, पुराण, उपनिषद, सूत्र, गीता, जैन और बौद्ध ग्रंथों में हमें प्रकृति का आदर करना सिखाया है हमारे पुरखों की जीवन शैली ने हमेशा ही हमें माँ प्रकृति का सम्मान करना सिखाया है।

अगर आप 50 वर्ष पहले के भारत को अपनी कल्पनाओं में देख पाएं तो आप पाएंगे कि 90% लोग जो सीधे तौर पर खेती किसानी के काम से जुड़े थे । अपने पूरे जीवन काल में उन्होंने ऐसा कोई काम नहीं किया जो प्रकृति के लिए कष्टप्रद हो। उनकी आवश्यकताएं सीमित रही, वे प्राकृतिक नियमों के साथ सामंजस्य स्थापित करके जीवन जीते रहे। मुझे याद है मेरी दादी जो 1987 में लगभग 90 वर्ष की थी हमें बताती थी कि उन्हें अपने जीवन काल में कभी भी अस्पताल जाने की जरूरत नहीं पड़ी।

वह बताती थी कि गांव काफी हद तक आत्मनिर्भर थे। लोगों की जरूरतें कम थी इसलिए प्राकृतिक संसाधनों का दोहन भी कम था। वृक्षों व प्रकृति में ही ईश्वर बसते हैं। जीवन बसता है। यह ज्ञान हमें अपने पुरखों से ही मिला है। वह पीढ़ी दर पीढ़ी हमारे संस्कारों में शामिल होता आया है किंतु आज यह मात्र प्रतीकात्मक रह गया है और मनुष्य इसके मूल में छुपे प्रकृति प्रेम के भाव को अनुभव कर पाने में असमर्थ होता जा रहा है।

• वैदिक काल में प्रकृति प्रेम

दस कूप समा वापी,दस वापी समो हदः
दस हद समः पुत्रो, दस पुत्र समो दुमः

उपर्युक्त उल्लेख मत्स्यःपुराण में मिलता हैं। इस श्लोक में एक पेड़ की महत्ता बताई गई है। श्लोक के अनुसार 10 कुओं को खुदवाने जितना फल एक बाबड़ी में, 10 बाबड़ी को खुदवाने जितना फल एक तालाब, 10 तालाब खुदवाने जितना फल एक युगी पुत्र और 10 युगी पुत्रों के समतुल्य फल एक वृक्ष को तैयार करने में मिलता है। स्पष्ट हैं कि वैदिक काल में वृक्षों का क्या महत्व रहा होगा। एक पेड़ की महत्ता शास्त्रों में भी बताई गई है। आज के वैज्ञानिक युग में भी पेड़ को इको सिस्टम का आधार माना गया है।

अथर्ववेद में स्पष्ट उल्लेख है कि-

पृथ्वी प्रो महिषो नाधमानस्य गातु रब्ध चक्षुः परि विश्र्वं बभूव

अर्थात व्योम रूपी आकाश को पिता व पृथ्वी को माता माना गया है- जब आकाश रूपी आवरण को भेदा जाता है तो पृथ्वी का हृदय छलनी होने लगता है ।

इस कथन को हम आकाश में ओजोन मंडल में छेद होने के परिपेक्ष्य में समझ सकते हैं ।

ऋग्वेद में कहा गया है-

वात आ वातु
भेषजं मयोभु नो छदे
प्रण आयुषिं तारिषत

अर्थात शुद्ध ताजा वायु अमूल्य औषधि के समान हैं, जो हमारे हृदय के लिए दवा की भांति हैं एवं हमारी आयु को बढ़ाती हैं।

अथर्ववेद में जल को पृथ्वी मां के दूध की संज्ञा दी गई हैं।

पृथ्वी को मां, आकाश को पिता, वायु को प्राण, जल को जीवन व अग्नि को ऊर्जा का स्त्रोत माना गया हैं यह सभी पंचतत्व देवतुल्य माने गए हैं जिन्हें संरक्षित करने पर बल दिया गया है।

ऐतरेय उपनिषद में कहा गया है कि इन पंच तत्वों से ही जगत का सृजन हुआ है वैदिक दर्शन में हमें इन्हीं पंचतत्व में परस्पर सामंजस्य की शिक्षा देता है।

पद्मपुराण में जल को प्रदूषित किए जाने को अपराध माना गया है-

सुकृपाना तड़ागानां

प्रपानां च परतपं

सरसां चैव भैतारो

नरा निर चगा मिनः

इसका आशय हैं वह व्यक्ति जो तालाब के जल को प्रदूषित करता है नर्क गामी होता है।

व्रत, त्योहारों एवं विभिन्न मांगलिक अवसरों पर भारतीय महिलाओं ने पीपल , नीम व तुलसी जैसे वृक्षों को विशेष स्थान दिया है।

मत्स्य व पदम पुराण में वृक्ष महोत्सव की चर्चा मिलती हैं।

नरसिंह पुराण में वृक्ष को ब्रह्म के तुल्य माना गया है विभिन्न वृक्षों को विभिन्न देवी-देवताओं से जोड़कर देखने वाला भारतीय दर्शन वृक्षों को ईश्वर का निवास स्थान मानता है।

अशोक से बुद्ध, पीपल से विष्णु व कृष्ण, तुलसी से राम व कृष्ण, नारायण व लक्ष्मी, बेल से शिव व वट वृक्ष से ब्रह्मा को जोड़कर देखा जाता है।

इसके अतिरिक्त विभिन्न देवी-देवताओं के लिए विशेष फूलों का महत्व भी हैं- गणेश जी को दुर्वा, शिव को धतूरे के फूल, विष्णु को कदम्ब व वैजयंती, लक्ष्मी को कमल प्रिय हैं देवी देवताओं के वाहन भी पशु-पक्षी ही हैं।

वैदिक दर्शन में मानव जीवन को चार आश्रमों में विभाजित किया गया है-

1 ब्रह्मचर्य

2 गृहस्थ

3 वानप्रस्थ

4 संन्यास

जिसमें वानप्रस्थ एवं सन्यास के पालन हेतु वन में रहना आवश्यक माना गया है। यहां तक कि ब्रह्मचर्य का अधिकांश भाग भी शिक्षा अर्जन में व्यतीत होता है क्योंकि शिक्षा अर्जन का कार्य ऋषियों व गुरु के पास वन में रहकर ही पूर्ण किया जाता था। जीवन के इस व्यवस्थित चक्र

के पालन में मनुष्य जीवन काल का आधे से अधिक समय वन में ही व्यतीत करता था। अतएव वनों को काटने व नुकसान पहुंचाने के बजाय सदैव वनों का संरक्षण प्राप्त होता रहा। भारतीय आयुर्वेदिक चिकित्सा प्रणाली वृक्षों व पेड़-पौधों के प्राकृतिक प्रयोग से ही फलीभूत हुई है।

भारतीय दर्शन सदैव आध्यात्मिक उन्नयन में परिलक्षित होता आया है। जिसमें शरीर को मात्र साधन माना गया है। यह भारतीय संस्कृति में हमेशा से रचा बसा है, यहां भोग को नहीं वरन संयम की पराकाष्ठा को विजय माना गया है राजा सदैव ही ऋषियों को नमन करते आए हैं। वन में रहने वाले ऋषि मुनियों के मार्गदर्शन से शासन करने वाले हमारे शासकों के लिए भी प्रकृति व पर्यावरण अपने गुरुओं का निवास स्थान होने के कारण पूजनीय रहे हैं। भारतीय दर्शन सदैव ही सहिष्णुता एवं सत्य की विजय का परिचायक रहा है जिसमें मात्र वैचारिक ही नहीं वरन जीवन जीने के वास्तविक स्वरूप को प्रदर्शित किया गया है।

• भागवत गीता में प्रकृति-प्रेम

पर्यावरण मनुष्य के साथ ही पृथ्वी की सुरक्षा का कवच भी है जिसे वैदिक काल में ही समझ लिया गया था भारतीय पौराणिक दर्शन सदैव इस बात का पक्षधर रहा है कि हम प्रकृति को देवतुल्य माने राम ने जब लंका पहुंचने के लिए समुद्र की पूजा की व कृष्ण ने अतिवृष्टि से बचाव हेतु गोवर्धन पर्वत की पूजा की तो मानव जाति को यह सीख मिली कि प्रकृति को बल से नहीं जीत सकते यदि हमारी आवश्यकता पूर्ति के लिए हमें प्रकृति से कुछ लेना है तो उसका उचित सम्मान करना होगा एवं उसे नुकसान पहुंचाए बिना स्वयं के लिए मार्ग तलाशना होगा गीता में भगवान कृष्ण ने स्वयं को प्रकृति के विभिन्न रूपों के माध्यम से प्रदर्शित किया है गीता के दसवें अध्याय में विभिन्न श्लोकों में भगवान कृष्ण ने स्वयं को

ज्योतिषां रवि- रोशनी में सूर्य

नक्षत्राना महं शशी-नक्षत्रों में चंद्रमा

वासनां पावकशाः स्मि- वशुओं में अग्नि

मेरुः शिखरिणा- महं- शिखर वाले पर्वतों में सुमेरु

सरसा मस्मि सागरः - जलाशयों में समुद्र

स्थावरणां हिमालयः - स्थिर रहने वालों में हिमालय

अश्वत्यः सर्व वृक्षणां- वृक्षों में पीपल

पवनः पावता मस्मि- पवित्र करने वालों में वायु

स्त्रोतसा मस्मि जाह्नवी- नदियों में भागीरथी गंगा

कहा है। सृष्टि की रचना पुरुष व प्रकृति ने की है दोनों एक दूसरे पर निर्भर है किंतु पुरुष प्रकृति के बिना अस्तित्वहीन है।

• **बौद्ध दर्शन में प्रकृति प्रेम**

महात्मा बुद्ध के उपदेश कृषि, वन, वृक्ष व पर्यावरण के उदाहरणों से भरे हुए हैं बौद्ध शिक्षण में पेड़-पौधे, मनुष्य व पशु-पक्षियों को प्रकृति के सबसे निकटतम माना गया है त्रिपिटक व जातक कथाओं ने प्रकृति के साथ सामंजस्य की ओर ध्यान दिलाया है।

बौद्ध साहित्य त्रिपिटक में संदेश है कि वातावरण में संतुलन स्थापित करने के लिए वृक्ष नहीं काटने चाहिए यदि कोई भिक्षु किसी वृक्ष को काट ले तो उसे पाराजिक नामक अपराध की श्रेणी में रखा जाता है। यदि कोई केवल तापने की इच्छा से आग जलाए तो उसे पाचितिय कहा जाता है यह उल्लेख विनय पिटक में मिलता है।

द सन माई हार्ट में थिच न्यात हान ने ध्यान को प्रकृति व शरीर के बीच संपर्क का स्रोत माना है।

बौद्ध शिक्षण का महत्वपूर्ण सिद्धांत प्रतीत्यसमुत्पाद है जिसे कार्य व कारणता का सिद्धांत कहां जाता है अर्थात हर काम के पीछे कोई न कोई कारण अवश्य होता है।

• **जैन दर्शन में प्रकृति प्रेम**

जैन तीर्थंकरों ने पर्यावरण के संरक्षण से ही अपनी साधना प्रारंभ की जैन प्राकृत ग्रंथ आचारगं सूत्र में अग्नि को व्यर्थ में जलाना व पानी को बेवजह बहा देना भी हिंसक क्रियाएँ मानी गई है, जो त्यागने योग्य हैं क्योंकि यह पर्यावरण में असंतुलन का कारण है।

जैन मतानुसार पर्यावरण प्रदूषण की समस्या जितनी प्राकृतिक हैं उतनी ही मनुष्य की सांस्कृतिक अवधारणाओं व मानसिकता से जुड़ी हुई है, जो प्रकृति पर विजय पाने की लालसा व दुर्भावना से संबंधित हैं।

जैन ग्रंथों में

जयं चरे जयं तिठ्ठे

जयमांसे जयं सचे

जयं भुज्जेज्य भासजेज्य

एवं पावण वज्ज जई

अर्थात यत्न पूर्वक चलना, यत्न पूर्वक बैठना, यत्न पूर्वक सोना, यत्न पूर्वक भोजन करना, पूर्वक बोलना मनुष्य को पाप कर्म से मुक्त रखता है। यह उल्लेख जैन धर्म की नियंत्रित जीवन शैली का चित्रण करता है जो पर्यावरण संतुलन का आधार है।

आचरांग सूत्र 45 में मनुष्य व वनस्पति को समान मानते हुए कहा गया है कि मनुष्य भी जन्म लेता है वनस्पति भी जन्म लेती हैं।

मनुष्य भी बढ़ता है वनस्पति भी बढ़ती हैं

मनुष्य की चेतना युक्त हैं वनस्पति भी चेतना युक्त हैं

शरीर क्षीण होने से म्लान होता है वनस्पति क्षीण होने पर म्लान होता हैं

मनुष्य आहार करता है वनस्पति भी आहार लेती हैं

मनुष्य अनित्य हैं वनस्पति भी अनित्य हैं

मनुष्य अशास्वत हैं वनस्पति भी अशास्वत हैं

इस प्रकार जैन आचार्यों ने वनस्पति को सबका मूल माना है

• **आधुनिक भारतीय जीवन दर्शन में प्रकृति प्रेम**

उपभोग व भोग क्रमशः हमारी आवश्यकता पूर्ति एवं विलासिता की तृप्ति से संबंधित हैं। मानव जीवन के विकास के साथ ही निरंतर प्राकृतिक संसाधनों पर निर्भरता बढ़ी है। जीवन के पृथ्वी पर विकसित होने के शुरुआती चरण में जिसमें लाखों वर्ष लग गए मानव ने सदैव प्रकृति के साथ तालमेल स्थापित करने का प्रयास किया है। प्रकृति का मात्र उतना ही दोहन किया गया कि प्रकृति स्वयं को पुनर्जीवित कर सकें किंतु मशीनीकरण व पूंजीवाद के उदय के साथ ही प्रकृति के दोहन की गति तीव्र से तीव्रतम होने लगी जिसे पुनः पुनर्जीवित करना प्रकृति के नियंत्रण में नहीं रहा। नये अविष्कार केवल औद्योगिक जगत में ही नहीं वरन कृषि व मानवीय जगत में भी निरंतर होते गए इस दौर में मानव जाति यह भूल गई किसी भी मांग को (तीव्र विकास को) पूरा करने के लिए उसकी कीमत चुकानी पड़ती है। मनुष्य परस्पर लेनदेन में तो इस बात के लिए सतर्क था परन्तु प्रकृति ने शुरुआती चरण में विकास व प्राकृतिक संसाधनों के दोहन किए जाने की कोई कीमत नहीं मांगी तो हम प्रकृति के दोहन के बाद प्रकृति का शोषण करने लगे एवं इसे अपना अधिकार समझने लगे इस मार्ग पर चलने के लिए मनुष्य एक ऐसी वातानुकूलित बस में सवार हो गया, जहां उसे इस बात का ध्यान ही नहीं रहा कि बाहर पृथ्वी जलने लगी है ।

आईपीसीसी की एक रिपोर्ट में कहा गया है कि हमने पिछले 50 सालों में पर्यावरण व धरती का जितना शोषण किया है उससे ही जंगल नष्ट होने लगे हैं नदियां सूखने लगी है वनस्पतियों की कई प्रजातियां लुप्त होने लगी है एवं पृथ्वी का तापमान बढ़ने लगा है।

कृषि क्षेत्र में जब हमने अपनी उत्पादकता को बढ़ाया तो उसकी कीमत धरती को चुकाने के बजाय हम उत्पादकता को बढ़ाने के लालच में मिट्टी में जहर घोलते गए फलतः आज हमारे खाते पदार्थ हमें पोषण के साथ-साथ कैंसर, अस्थमा जैसी कई प्राण घातक बीमारियां भी देने लगे हैं भूमि की मौलिक व अविनाशी शक्तियां निरंतर नष्ट होती जा रही हैं ।

कोविड-19 महामारी के विकराल रूप ले लेने का एक बड़ा कारण मनुष्य में रोग प्रतिरोधक क्षमता की कमी को माना गया है यह वायरस

कम इम्युनिटी वाले लोगों को अधिक हानि पहुंचा रहा हैं। हमें समझना होगा कि क्या विकास की एक बड़ी कीमत हम मनुष्य को शारीरिक रूप से कमजोर बना कर चुका रहे हैं? क्या बढ़ती स्वास्थ्य सुविधाएं हमें अपना गुलाम बनाती जा रही हैं? हम केवल 100 वर्ष पीछे जाकर देखें तो पाएंगे कि हमारे पुरखों को छोटी मोटी शारीरिक समस्याओं के लिए तो कभी भी अस्पतालों का रुख नहीं करना पड़ा हम आज इतने निर्भर क्यों हो गए हैं? कि अपनी छोटी से छोटी समस्याओं को भी स्वतः हल नहीं कर पा रहे हैं एवं हमारे ही बनाए संसाधनों पर जबरदस्त रूप से निर्भर होते जा रहे हैं।

प्रसव जो एक सामान्य प्राकृतिक प्रक्रिया है कई महिलाओं को बिमारी जैसा अनुभव देने लगा है। आने वाले कुछ ही समय में हो सकता है कि समृद्धि के पैमाने बदल जाए जो व्यक्ति अपने लिए जैविक भोजन व शुद्ध हवा की उपलब्धता सुनिश्चित कर पाए वहीं समृद्ध कहलाये अथवा यूँ कहे कि समृद्ध व्यक्ति ही शुद्ध भोजन व शुद्ध हवा के अधिकारी रह जाए।

जिस शुद्ध हवा शुद्ध जल व शुद्ध भोजन की उपलब्धता प्रकृति ने 'शून्य से विभाजन ' के आधार पर सभी के लिए की है अति-उपभोगवाद व तीव्र विकास के चलते ये मात्र कुछ लोगों तक ही सिमित रह गए हैं।

हमारा विकास सर्वाइवल ऑफ द फिटेस्ट के नियम के विरुद्ध है युगों युगों से पृथ्वी पर प्राकृतिक रूप से सभी जीवों व वनस्पतियों के लिए सर्वाइवल आफ द फिटेस्ट के नियम का पालन होता आया है। पेड़-पौधे हो या कोई भी जीव-जंतु जो सशक्त नहीं होता वह जीवित नहीं रह पाता है।

किंतु मनुष्य ने सृष्टि व प्रकृति पर विजय की चेष्टा से इस नियम को अस्वीकार कर दिया है यह नियम विरुद्ध छेड़छाड़ मनुष्य मात्र स्वयं के साथ ही नहीं वरन पेड़-पौधों व पशु -पक्षियों के साथ भी करने लगा है।

हम प्रकृति के साथ सामंजस्य बैठाने के बजाय प्रकृति को एक चुनौती मानकर उससे लड़ने के लिए तैयार रहते हैं विभिन्न रोगों से लड़ने के लिए सालों से चलाए जा रहे टीकाकरण अभियान ने भले ही जीरो से पांच वर्ष के बच्चों में मृत्यु दर को तेजी से घटाया हो, किंतु

वर्तमान समय में हम किसी ऐसे घर की कल्पना नहीं कर सकते जहां मेडिकल एड के बिना, दवाइयों के सेवन के बिना, सर्वाइवल संभव हो इस प्रक्रिया को हम 'सर्वाइवल ऑफ अनफिट' भी कह सकते हैं।

पौराणिक कथाओं में हमें यह ज्ञात होता है कि हमारे पूर्वजों में अपार क्षमता थी वो समुद्र पी सकते थे, पर्वत को एक स्थान से दूसरे स्थान पर ले जा सकते थे, नदियां सृजित कर सकते थे, किंतु आज हमने इन क्षमताओं को खो दिया है।

मानव स्वयं को अपनी बुद्धि के कारण सबसे बड़ा समझता है वास्तव में शारीरिक तौर पर वह इस धरती का सबसे कमजोर प्राणी बनता जा रहा है। जीवन व मृत्यु प्राकृतिक चक्र है इसमें हस्तक्षेप बढ़ता जा रहा है।

कल्पना कीजिए यदि मात्र 20 से 25 वर्ष के लिए हम 7.7 पृथ्वीवासी किसी अन्य ग्रह पर चले जाएं तो निसंदेह पृथ्वी स्वयं ही वनों से आच्छादित हो जाएगी, प्रदूषण का कोई अस्तित्व नहीं रहेगाजैव विविधता को बचाए रखने के कोई प्रयास नहीं करने पड़ेंगे जैसा कि कोरोना काल में देखा गया है।

आधुनिक भारतीय जीवन दर्शन में सरल जीवन शैली व प्रकृति के प्रति आस्था और श्रद्धा की झलक हमें कौटिल्य, विवेकानंद, महात्मा गांधी, पंडित दीनदयाल उपाध्याय के साथ-साथ हमारी आदिम जनजातियों के जीवन शैली से भी मिलती हैं।

कौटिल्य ने अपने ग्रंथ अर्थशास्त्र में उल्लेख किया है कि किसी जंतु को कष्ट देना एवं किसी वृक्ष की टहनी को काटना दंडनीय अपराध है उन्होंने खेती करने के ऐसे विभिन्न तरीकों का भी उल्लेख किया है। जिससे पृथ्वी की उर्वरा शक्ति बनी रहे जबकि वर्तमान समय में अनाप-शनाप उर्वरकों व कीटनाशकों के उपयोग से भूमि की इन मौलिक शक्तियों को कम कर दिया गया है।

कौटिल्य ने जल प्रबंधन को भी विशेष महत्व देते हुए छोटे बांधों के निर्माण व नए तालाबों के निर्माण व पुराने की पुनरुद्धार हेतु कर छूट की बात पर भी बल दिया है।

स्वामी विवेकानंद का मानना था कि प्रकृति हमें बहुत कुछ सिखाती हैं। उन्होंने प्रत्येक व्यक्ति के साथ में समभाव रखने की बात कही जिसकी सीख हम प्रकृति के हम सभी के साथ समभाव रखने वाले व्यवहार से सीख सकते हैं।

महात्मा गांधी के कथा अनुसार पृथ्वी सभी व्यक्तियों की आवश्यकता की पूर्ति के लिए हैं , लालच की पूर्ति के लिए नहीं। उनका मानना था कि प्राकृतिक संपदाएं हमें जिस रूप में अपने पुरखों से मिली हैं उसी रूप में हमें उसे अपनी अगली पीढ़ी को सौंप देना चाहिए ।

युगपुरुष महात्मा गांधी सदैव ही गांव की आत्मनिर्भरता, कुटीर उद्योगों, संयमित जीवन शैली एवं आर्थिक समानता के पक्षधर रहे हैं उनके संदेश देने के तरीके काफी दृढ़ रहे हैं। उन्होंने अपनी जीवनशैली को ही एक शिक्षक की भांति प्रस्तुत किया है अपनी आत्मकथा में वे उल्लेख करते हैं कि उन्होंने स्वयं धुलाई कला की पुस्तक पढ़कर धुलाई करना सीखा उनका यह व्यवहार हमें आराम तलब जीवन शैली से दूर रहने की शिक्षा देता है।

महात्मा गांधी ने जब यह देखा कि भारत में गरीब महिलाओं के पास तन ढकने को भी वस्त्र नहीं है तो उन्होंने भी कपड़ों का त्याग करते हुए मात्र धोती व चादर को ही वस्त्र के रूप में ग्रहण कर लिया। वे चरखा कात कर स्वयं कपड़े बनाते व सभी को इसके लिए प्रेरित करते।

उनकी इस सादगी व सहज जीवन शैली को यदि वर्तमान पीढ़ी कुछ अंश तक भी आत्मसात कर ले तो निश्चय ही पर्यावरण के दुरुपयोग व आराम तलब जीवन शैली के अंधानुकरण पर लगाम लगेगी।

महात्मा गांधी ने अपनी पुस्तक 'हिंद स्वराज' में मशीनों के बारे में उल्लेख करते हुए बताया है कि- मशीनें यूरोप को उजाड़ने लगी हैं वहां की हवा अब हिंदुस्तान में चल रही है यंत्र आज की सभ्यता की मुख्य निशानी है और यह महापाप है ऐसा में साफ-साफ देख सकता हूं।

पंडित दीनदयाल उपाध्याय ने एकात्म मानववाद की अवधारणा देते हुए कहा कि व्यक्ति को अपनी क्षमता का पूरा उपयोग सभी के उत्कर्ष के लिए करना चाहिए। एकात्म- अतार्थ पूरा विश्व एक परिवार है व मानववाद अर्थात मनुष्यता सबसे बड़ा धर्म है।

विकास के सारे मार्ग अंततः उस और जाने चाहिए जहां अंतिम व्यक्ति का उदय संभव हो सके। यही भाव एकात्म मानववाद है।

उन्होंने एक वृतांत का उल्लेख करते हुए बताया है कि हम किस प्रकार औद्योगिक विकास के बजाय विनाश का मार्ग चुनते जा रहे हैं। आज से लगभग 60 वर्ष पूर्व लिखित पुस्तक एकात्म मानववाद में एक उदाहरण में वे एक साप्ताहिक अंग्रेजी पत्रिका के ऑर्गेनाइजर के संपादक द्वारा बताए गए एक वृतांत का उल्लेख करते हुए बताते हैं कि- आलू छीलने के लिए चाकू बनाने कारखाने में जब बिक्री बढ़ाने के विषय पर चर्चा हो रही थी तब सेल्समैनओं की बैठक में यह सुझाव रखा गया कि चाकू के हैंडल का रंग आलू के छिलके के रंग का हो जिससे चाकू को भी छिलके के साथ ही फेंके जाने की संभावना बढ़ जाएगी। जिससे बाजार में चाकू की मांग बढ़ेगी। वर्तमान में हम इसी पथ पर चल रहे हैं जहां चाहे जरूरत हो चाहे जरूरत ना हो मांग को पैदा किए जाने की दौड़ में शामिल होते जा रहे हैं। यूज़ एन्ड थ्रो की संस्कृति चारों तरफ व्याप्त होती जा रही हैं।

आज सारे घरेलू उपकरण कार ,मोबाइल, कपड़े जैसी अनगिनत चीजें कुछ ही समय में हमें पुरानी लगने लग जाती है, क्योंकि मांग सृजन की इस दौड़ में बाजार पुरानी वस्तुओं में थोड़े बहुत अपग्रेडेशन के साथ फिर से नए उत्पादों से भर जाता है जो उपभोगताओं को लालायित करता रहता है। विकास की दौड़ के साथ ही हमारी भोगवादी संस्कृति इस कदर बढ़ती जा रही हैं कि जो वस्तुएं हमें सुविधा युक्त व विलासिता की वस्तुएं प्रतीत होती हैं कुछ ही समय में बाजार में उससे अधिक सुविधाजनक व आरामदायक वस्तुएं उपलब्ध हो जाती हैं व पुरानी वस्तुएं अनिवार्य आवश्यकता की वस्तुओं में बदल जाती हैं जैसा कि हम फ़ोन व कार के उदाहरण से समझ सकते हैं। ये वस्तुएं कुछ दशकों पूर्व विलासिता का प्रतीक मानी जाती थी किंतु आज यह मध्यमवर्गीय परिवारों में अनिवार्य आवश्यकता की वस्तुओं में सम्मिलित हो गई है। मांग बढ़ाने के लिए कंपनियां नए-नए यत्न करती हैं।

आज मशीनें मानव की सहायक ना होकर प्रतिस्पर्धी बनती जा रही हैं हम एक ऐसे रोबोटिक युग में प्रवेश करने को उतावले हो रहे हैं जहां

मनुष्य मशीनों के गुलाम बन जाएंगे।

मानव ने स्वतः संतुलन के प्राकृतिक चक्र को तोड़कर एक ऐसे मानवीय चक्र की रचना की है जिसमें अनावश्यक वस्तुओं का अनावश्यक उपभोग किया जाता है और ऐसे प्रदूषण चक्र ने ही प्रकृति को बदरंग कर दिया है।

मानव जाति निरंतर ही आवश्यकता के लिए सृजित किए गए उत्पादों में क्रमशः सुविधाओं, विलासिताओं एवं उन्हीं संसाधनों के दुरुपयोग की तरफ प्रवृत्त होती जा रही हैं। इसे हम अग्नि के उदाहरण से समझ सकते हैं-

शुरुआती समय में अग्नि व ऊर्जा प्रकाश व भोजन पकाने हेतु जरूरी थे किंतु आज जब हम दिन में जलती स्ट्रीट लाइट को देखते हैं तो समझ सकते हैं कि जिस ऊर्जा के बिना मनुष्य कुछ घंटे भी नहीं रह सकता किस प्रकार उसका दुरुपयोग किया जा रहा है।

डॉ विश्वेश्वरैया ने सात एम पर विचार करने को कहा है- मैन,मटेरियल, मनी, मोटिव पावर, मैनेजमेंट, मशीन एंड मार्केट। यहां मनुष्य जीवन श्रेष्ठता साध्य हैं एवं अन्य छ एम मानव जीवन के विकास हेतु साधन मात्र है किंतु विकास की तीव्र दौड़ में हमने मनुष्य को अन्य छह एम को पाने का साधन मात्र मान लिया है।

• जनजातियों में प्रकृति प्रेम

हमारी आदिम जनजातियां जो विश्व में सर्वत्र फैली हुई है सदैव प्रकृति में अटूट विश्वास व आदर रखने वाली रही है। 2007 को संयुक्त राष्ट्र के आदिवासी मामलों के स्थाई फोरम की रिपोर्ट में विश्वभर में इस तथ्य को स्वीकार किया गया है कि आदिवासी संस्कृति ने पर्यावरण संरक्षण के लिए महति भूमिका का निर्वहन किया है आदिम जनजातियों ने पर्यावरण संरक्षण के विभिन्न आंदोलनों के माध्यम से सदैव जंगलों और प्रकृति को बचाने के लिए बड़े बांध बनाने खनन करने व क्षेत्र के आसपास बड़े संयंत्र लगाने जैसी गतिविधियों का पुरजोर विरोध किया है।

वर्तमान पर्यावरण संकट के दौर में प्रकृति को बचाए रखने में आदिवासी संस्कृति व जीवनशैली हमारे लिए महत्वपूर्ण शिक्षक हैं। प्रकृति को ईश्वर तुल्य मानना, कृषि के परंपरागत तरीकों को अपनाना एवं सभी को साथ लेकर चलने की आदिम संस्कृति वर्तमान तथाकथित विकासवादी व भोगवादी संस्कृति के प्रतिपालकों के लिए बड़ी उत्कृष्ट सीख देती है।

कृषि औद्योगिक क्षेत्र में तेजी से बढ़ता उत्पादन हमारी मात्रात्मक आवश्यकता को पूरा करने में तो सक्षम है किंतु इसकी गुणवक्ता निरंतर घटती जा रही है।

खाद्य पदार्थों, प्राणवायु व जल जो जीवन के लिए सबसे महत्वपूर्ण है वे निरंतर दूषित होते जा रहे हैं। सबसे दुख देने वाली बात यही है कि हम अब अपनी ऊर्जा शक्ति इस बात पर खर्च कर रहे हैं कि विकास का यह दुष्चक्र जिसे स्वयं हमने ही सृजित किया है इसे तोड़कर मानव जाति के लिए शुद्ध जैविक खाद्य पदार्थ, शुद्ध प्राण वायु व शुद्ध जल की उपलब्धता पुनः कैसे सुनिश्चित की जावें।

वर्ल्ड हेल्थ द्वारा जारी वर्ल्ड हेल्थ स्टेटिस्टिक्स में कहा गया है कि जीवन प्रत्याशा व स्वस्थ् जीवन प्रत्याशा के विश्लेषण से स्पष्ट है कि में वर्ष 2000 से 2019 के दौरान जीवन प्रत्याशा की तुलना में स्वस्थ जीवन प्रत्याशा कम तेजी से बढ़ी है।

अंततः हम यह कह सकते हैं कि प्रकृति के साथ सामंजस्य बैठाने का समय तो कब का बीत गया आज हम जो भी करेंगे या कर रहे हैं वह मानव जाति के अस्तित्व को बचाए रखने के लिए है प्रकृति की रक्षा के लिए नहीं।

दुखद तथ्य यह है कि विकास के इस चरम पर भी हम स्वयं को सशक्त व उन्नत बनाने के बजाय उस स्थान पर आकर खड़े हो गए हैं जहां से स्वयं को बचाए रखना भी एक बड़ी चुनौती है।

यह विकास की दौड़ नहीं जो हमें आगे ले जा रही हो यह एक ऐसी कदमताल है जहां हमें लगता है तो है कि हम निरंतर आगे बढ़ रहे हैं किंतु हम बार-बार वही रह जाते हैं।

भारतीय जीवन दर्शन के अध्ययन से यह स्पष्ट हैं कि आज विकास के साथ हमने पुरुष और प्रकृति के अच्छे संबंधों को बिगाड़ कर रख दिया है। अतः आवश्यकता इस बात की है कि हम प्रकृति के बनाए हुए नियमों को सीखें, समझें और उन नियमों का पालन करते हुए विकास के नए मार्ग पर अग्रसर हो। इसके लिए यह आवश्यक है कि प्रकृति का आधारभूत नियम शून्य से विभाजन को अच्छे से समझे और प्रकृति की भांति अनंत परिणाम प्राप्त करें।

3

प्रकृति स्वाभाविक रूप से पोषण करती है- प्रकृति का विज्ञान

ईशावास्यमिदं सर्वं यत्किञ्च जगत्यां जगत् ।
तेन त्यक्तेन भुञ्जीथा मा गृधः कस्य स्विद्धनम् ॥ १ ॥
यह सब - इस ब्रह्मांड में जो कुछ भी चलता है (और जो नहीं चलता है) भगवान द्वारा आच्छादित (निवास या व्याप्त या आच्छादित या पहना हुआ) है। जड़-चेतन प्राणियों वाली यह समस्त सृष्टि परमात्मा से व्याप्त है । मनुष्य इसके पदार्थों का आवश्यकतानुसार भोग करे, परंतु 'यह सब मेरा नहीं है के भाव के साथ' उनका संग्रह न करे। -ईशा उपनिषद 1

• प्रकृति-प्रजाति तुल्यता

प्रकृति हमें वह सब कुछ प्रदान करती है, जो हमें इस ग्रह पर जीवित रहने के लिए चाहिए। प्रकृति प्रतिपल जीवो को जीवो का सृजन, पोषण और विनाश करती हैं। हालांकि, सवाल उठता है कि प्रकृति या सर्वोच्च शक्ति इस तरह से कार्य क्यों करेगी? क्या यहां कोई विशिष्ट लक्ष्य

दिमाग में हैं? अगर ऐसा है, तो हम जो कर रहे हैं उसका कोई मतलब नहीं है। जैसा कि हम, 7.9 अरब मनुष्य , एक मेरे सहित, इस ग्रह पर हर निर्णय लेते हैं, हम ऐसा केवल एक और केवल एक प्रजाति, मनुष्यों को विकसित होने और कृत्रिम रूप से फलने-फूलने देने के एकमात्र उद्देश्य से करते हैं। हम अपने निर्णयों के उत्साहपूर्वक कार्यान्वयन के लिए पृथ्वी पर निवासरत अन्य ज्ञात या अज्ञात प्रजातियों की परवाह नहीं करते (15 मिलियन विभिन्न प्रजातियों में से केवल 2 मिलियन ही ज्ञात है)।

डलहौजी विश्वविद्यालय के बोरिस वर्म कहते हैं, "अगर हम किसी देश में रहने वाले लोगों की संख्या (1 मिलियन? 10 मिलियन? 100 मिलियन?) के क्रम से भी नहीं जानते हैं, तो हम भविष्य की योजना कैसे बनाएंगे।" "अगर हम परिमाण के क्रम से भी किसी देश में रहने वाले लोगों की संख्या नहीं जानते (1 मिलियन? 10 मिलियन? 100 मिलियन?)

"जैव विविधता के लिए भी यही कहा जा सकता है। मानवता ने प्रजातियों को विलुप्त होने से बचाने के लिए एक प्रतिबद्धता बनाई है, लेकिन हमें इस बात का बहुत कम अंदाजा है कि किस क्षेत्र में कितनी प्रजातियां हैं।" (समुद्री जीव वैज्ञानिकों की जनगणना)

आप में से कुछ ऐसे हैं जो शायद यह तर्क दे सकते हैं कि हम जो कर रहे हैं वह प्रकृति के लाभ के लिए है न कि स्वयं के लिए क्योंकि हम सभी नश्वर हैं। दूसरी ओर, हम मनुष्य दूरदर्शिता के लिए अक्षम हैं क्योंकि हम इसके बिना पैदा हुए हैं। हमारे निर्णय अल्पकालिक विचारों पर आधारित होते हैं, और हम धन दर्पण से आगे नहीं देख सकते हैं। इसके अलावा, हम प्रकृति के लिए ऐसे काम करने का दिखावा करते हैं जो हमारे अपने हित में नहीं हैं। इस तथ्य को जानते हुए कि कृत्रिम रूप से जंगल विकसित करना असंभव है, हम विकास के लिए जंगल में पेड़ों को काटते हैं, हम हवा और पानी को प्रदूषित करते हैं और फिर ग्रामीण और शहरी क्षेत्रों में सड़क के किनारे खाई में पेड़ लगाने का नाटक करते हैं। हमने ऊर्जा के हरित स्रोतों का बहुत देर से उपयोग किया और जीवाश्म ईंधन का अत्यधिक तेजी से दोहन किया और विचित्र लागत-

लाभ विश्लेषण के आधार पर इसे सही ठहराने की कोशिश की।

कीमतें आपूर्ति और मांग के परस्पर क्रिया द्वारा निर्धारित की जाती हैं। परिणामस्वरूप यह असमानता और भी व्यापक हो गई है। समस्याओं को हल करने के अपने प्रयासों में, हम निष्पक्ष होने का दावा करते हुए उनमें से अधिक समस्याएँ पैदा कर रहे हैं। जब हम एक समस्या का समाधान करते हैं, तो सबसे अधिक संभावना है कि हम स्पष्ट स्पिलओवर प्रभाव के परिणामस्वरूप समस्याओं का एक नया सेट बनाते हैं। हम खुद को खुश करने के लिए नई तकनीक का निर्माण करते हैं, हालांकि, हमें नई कठिनाइयों को पहचानना चाहिए क्योंकि हम उसी दिशा में आगे बढ़ते हैं। जब तक हमारे पास मार्गदर्शन करने के लिए ज्ञान है, हमारे कार्य और रणनीतियां पूरी तरह से हमने जो सीखा है उस पर आधारित हैं। आविष्कारों, ज्ञान, विज्ञान और प्रौद्योगिकी के माध्यम से, हम यहाँ पृथ्वी पर अपने जीवन को बेहतर बनाने का प्रयास करते हैं।

कृपया अपनी आँखें बंद करें और सोचें क्योंकि हम सब कुछ अपने लिए करते हैं, चाहे हमारा अस्तित्व रहे ना रहे, इस ग्रह पर निवासरत अन्य प्रजातियों पर इसका कोई प्रभाव नहीं पड़ेगा परंतु यदि इस ग्रह पर निवासरत अन्य समस्त प्रजातियों में से किसी भी एक का अस्तित्व समाप्त होता है तो उससे प्रकृति - प्रजाति तुल्यता पर प्रभाव पड़ेगा और मानव का अस्तित्व खतरे में आ जाएगा।

प्रकृति के संरक्षण के लिए अंतर्राष्ट्रीय संघ (आईयूसीएन) की लाल सूची जैसे-जैसे बढ़ती जा रही है, यह जानना महत्वपूर्ण है कि ऐसा क्यों हो रहा है? 38,500 से अधिक प्रजातियों का विलुप्त होना यानि कुल मूल्यांकित प्रजातियों का 28 प्रतिशत 134400। याद रखें कि भले ही किसी जीव को सूचीबद्ध या खतरे के रूप में मूल्यांकन नहीं किया गया हो, लेकिन यह विलुप्त होने के खतरे में हो सकता है। इस ग्रह पर, यह लाल सूची बायोमीटर के रूप में कार्य करती है।

IUCN प्रकृति 2030 एकनीति-उन्मुखपहलहै जिसका उद्देश्य प्राकृतिक संसाधनों और प्रकृति के प्रबंधन और संरक्षण में महत्वपूर्ण मुद्दों का समाधान करना है। प्रत्यक्ष परिणाम के रूप में, यह मानता है

कि मानवता को विलुप्त होने से बचाने के लिए समाज के सभी स्तरों को एक साथ काम करना चाहिए। यह हमारे व्यवहार संबंधी प्रतिमानों को बदलने की हमारी क्षमता है जो पृथ्वी पर जीवन के भविष्य को निर्धारित करेगी, और इसमें हमारे विकल्प, निर्णय और इन निर्णयों का कार्यान्वयन शामिल है। कृषि और वित्तीय प्रवाह के साथ-साथ सभी स्तरों पर प्रतिबद्ध और अभिनव भागीदारी सहित जैव विविधता के नुकसान के प्रमुख योगदानकर्ताओं को संबोधित करने के लिए बढ़ी हुई राजनीतिक इच्छाशक्ति की आवश्यकता है। जब तक हम अपने ज्ञान का उपयोग प्रत्येक प्रजाति को लाभ पहुंचाने वाले निर्णय लेने के लिए नहीं करते हैं, तब तक हम सभी पीड़ित रहेंगे। 21 नवंबर, 1905 को, अल्बर्ट आइंस्टीन ने पहली बार द्रव्यमान-ऊर्जा तुल्यता के विचार का प्रस्ताव रखा, जो प्रकृति-प्रजाति तुल्यता की अवधारणा के समान है। **प्रकृतिप्रजातितुल्यतासिद्धांत** के अंतर्गत प्रकृति ऊर्जा है और प्रजाति द्रव्यमान है अर्थात यह भी व्यापक अर्थ में ऊर्जा और द्रव्यमान की तुल्यता को दर्शाता हैं I इससे यह स्पष्ट होता है कि कोई, ज्ञात या अज्ञात, कहीं मौजूद है, हर चीज का पूरी तरह से हिसाब करता है, संसाधनों को समान रूप से वितरित करता है, और कीमतों को समावेशी रूप से निर्धारित करता है ताकि सब कुछ आसानी से सभी के लिए सुलभ हो सके और यह तुल्यता हमेशा बनी रहे।

• क्या हो रहा है?

यह प्रकृति के संरक्षण के लिए अंतर्राष्ट्रीय संघ द्वारा प्रकाशित रेड लिस्ट इंडेक्स में स्पष्ट रूप से परिलक्षित होता है, जो दर्शाता है कि कैसे मनुष्यों ने अपने व्यवहार और गतिविधियों के माध्यम से प्रकृति प्रजातियों की तुल्यता को खराब किया है और प्रकृति के पोषण की प्राकृतिक प्रक्रिया को बिगाड़ दिया हैं। रेड लिस्ट इंडेक्स (RLI) IUCN रेड लिस्ट ऑफ थ्रेटड स्पीशीज पर आधारित है। पांच महत्वपूर्ण प्रजातियों के समूहों को परिभाषित किया गया है और समय के साथ विलुप्त होने के जोखिम की प्रवृत्तियों पर नज़र रखी जाती है।

IUCN- प्रजातियों के अस्तित्व और जैव विविधता के नुकसान की लाल सूची सूचकांक
के लिए आरएलआई (न्यूनतम चिंता = 1 विलुप्त = 0)

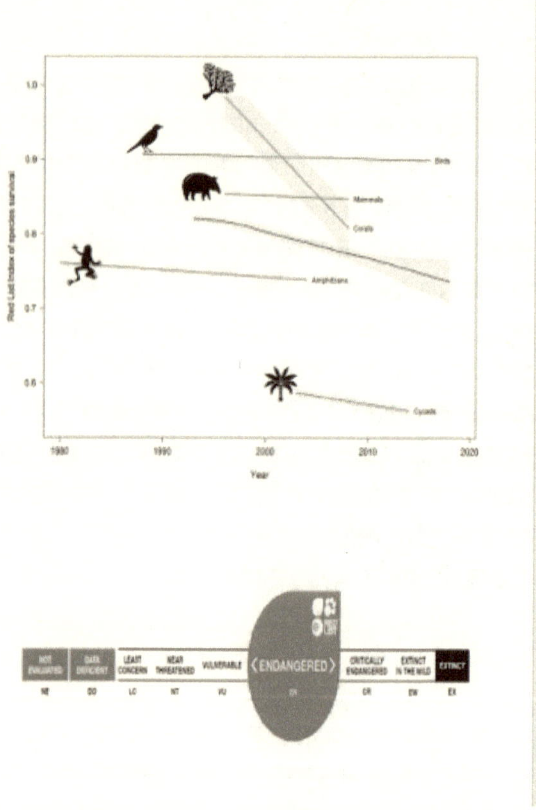

RED LIST INDEX AND SPECIES SURVIVAL

संकटग्रस्त प्रजातियों की IUCN लाल सूची पर आधारित रेड लिस्ट इंडेक्स (RLI), वैश्विक जैव विविधता की बदलती स्थिति का सूचक है।

यह महत्वपूर्ण प्रजातियों के समूहों के संरक्षण की स्थिति को परिभाषित करता है और समय के साथ विलुप्त होने के जोखिम में प्रवृत्तियों को मापता है। लाल सूची सूचकांक (आरएलआई) और जैव विविधता के नुकसान को ऊपर दिए गए चित्र में दर्शाया गया है, जो हमें प्रकृति पर एक उच्च मूल्य रखने की चेतावनी देता है। इंटरनेशनल यूनियन फॉर कंजर्वेशन ऑफ नेचर के अनुसार, स्तनधारियों, पक्षियों, उभयचरों, रीफ बनाने वाले कोरल और साइकैड के लिए प्रजातियों के जीवित रहने की आरएलआई में बहुत तेजी से गिरावट आई है। यह निर्धारित किया गया है कि संयुक्त रूप से 0.82 से घटकर 0.70 हो गया है। पिछले एक दशक में, प्रवाल प्रजातियों ने विलुप्त होने के जोखिम में सबसे तेज गिरावट (1.00 से 0.8 तक) का अनुभव किया है, जबकि उभयचरों को औसतन सबसे अधिक खतरे वाले पशु समूह के रूप में पहचाना गया है। 1.0 का RLI मान इंगित करता है कि सभी प्रजातियों को सबसे छोटी चिंता का विषय माना जाता है (अर्थात, जल्द ही विलुप्त होने की उम्मीद नहीं है)। 0 का RLI मान ग्रह पर सभी प्रजातियों के विलुप्त होने के अनुरूप है। समय के साथ एक निरंतर आरएलआई मूल्य इंगित करता है कि समूह के लिए समग्र विलुप्त होने का जोखिम पूरे अध्ययन में स्थिर रहा है। यदि जैव विविधता के नुकसान की दर धीमी होती है, तो आरएलआई विपरीत दिशा में सकारात्मक रुझान दिखाएगा। वन-विशेषज्ञ प्रजातियों के लिए आरएलआई दुनिया के जंगलों के नुकसान और गिरावट और उन्हें संरक्षित करने और बहाल करने के प्रयासों के बीच संतुलन को इंगित करता है। चूंकि वन-विशेषज्ञ प्रजातियां प्रवासी प्रजातियों की तुलना में औसतन अधिक खतरे में हैं और विलुप्त होने की ओर एक तेज गिरावट का अनुभव कर रही हैं, वन-विशेषज्ञ प्रजातियों के लिए आरएलआई दुनिया के जंगलों के नुकसान और गिरावट और उन्हें संरक्षित और पुनर्स्थापित करने के प्रयासों के बीच संतुलन का एक संकेतक है।

अंत तक संतुलन बनाए रखने के लिए प्रकृति अपनी शक्ति से सब कुछ करेगी। और मनुष्य, अपने अहंकार या, अधिक सटीक रूप से, अपनी अज्ञानता के माध्यम से, स्वेच्छा से इस नाजुक संतुलन को

बिगाड़ रहे हैं। यदि प्रकृति और मनुष्य के बीच का यह संतुलन बिगड़ने लगे, तो प्रकृति लगभग निश्चित रूप से जीत जाएगी क्योंकि प्रकृति इस खेल के नियम और कानून स्थापित करती है। इसी तरह, हाल ही में जीवाश्म ईंधन की खोज में वृद्धि के परिणामस्वरूप वही परिणाम हुआ है; प्रकृति ने अपनी प्रतिस्पर्धा निभाई है। प्राकृतिक वर्षा ने कोयला उत्पादन खदानों से कोयले की निकासी लगभग पूरी तरह से समाप्त कर दी है और अर्थव्यवस्थाओं को हरित ऊर्जा उपायों की ओर कदम बढ़ाने के लिए मजबूर किया है। हम अपने लिए उपलब्ध ऊर्जा के सुलभ स्रोतों का उपयोग करने से इनकार करके खुद को अधिक महंगे ऊर्जा स्रोतों की ओर ले जा रहे हैं। प्रकृति की इच्छा है कि हम अक्षय ऊर्जा स्रोतों जैसे सौर, पवन, बायोमास और अन्य नवीकरणीय स्रोतों के अपने उपयोग को यथासंभव बढ़ाएँ। अगर हम ऐसा नहीं करते हैं, तो प्रकृति हमें उन पर अपनी निर्भरता बढ़ाने के लिए मजबूर करेगी। वर्तमान में हम भारी बारिश के कारण दुनिया भर में कोयला खदानों में बाढ़ का सामना कर रहे हैं। इसने कोयले के दोहन को प्रभावित किया है और अगर हम प्राकृतिक दुनिया से नहीं जुड़ते हैं तो यह प्रभावित होता रहेगा।

यहां हमें यह समझना आवश्यक है कि हम प्रकृति का पोषण प्राकृतिक रूप से उस तरह नहीं कर सकते जिस तरह प्रकृति स्वयं अपना पोषण करती हैं अतः मानव जाति के लिए यह आवश्यक है कि हम अपनी जिद छोड़ दें और प्रकृति को अपना काम करने दें और हम वह कार्य करें जो प्रकृति हमें प्राकृतिक रूप से करवाना चाहती हैं।

- एनएनएन परिकल्पना- प्रकृति स्वाभाविक रूप से कैसे पोषित होती है?

प्रकृतिकापोषणचक्र- सब कुछ सभी के लिए है, और निर्माता द्वारा बनाई गई हर रचना एक कारण के लिए बनाई गई है। ब्रह्मांड के बारे में हमारी समझ सीमित है क्योंकि ब्रह्मांड के द्रव्यमान का केवल 4.9 प्रतिशत ही देखा जा सकता है, 26.8 प्रतिशत ठंडा डार्क मैटर है, और शेष 68.3 प्रतिशत डार्क एनर्जी है, दोनों का अवलोकन नहीं किया गया है और

गहन जांच की जा रही है। हम अपने अनुभवजन्य ज्ञान को कुछ बाधाओं के भीतर व्यवस्थित रूप से प्रस्तुत करने का हर संभव प्रयास करते हैं क्योंकि संपूर्ण ब्रह्मांड जीवन से भरा हुआ है। हम केवल उन घटनाओं के विकास और जीवन चक्र का निरीक्षण कर सकते हैं जो हमारी सीमाओं के भीतर देखने योग्य हैं। इस ग्रह पर पानी, मिट्टी, पृथ्वी, वायु और प्रकाश सहित प्रत्येक जीवित वस्तु का अपना जीवन चक्र होता है, जैसे हर चीज की रचना की, चाहे वह कितनी भी छोटी या बड़ी, दृश्यमान या अदृश्य, देखी या न देखी गई हो, अपनी अनूठी जीवन शक्ति है। हम समझ सकते हैं कि ब्रह्मांड (अंतरिक्ष और समय दोनों) पदार्थ (द्रव्यमान) और ऊर्जा से बना है, ये दोनों तत्व पूरे ब्रह्मांड में समान मात्रा में रहते हैं। यहां तक कि जब वस्तुएं स्थिर होती हैं, तो द्रव्यमान-ऊर्जा तुल्यता का नियम कहता है कि द्रव्यमान वाली सभी चीजों में आंतरिक ऊर्जा होती है। ब्रह्मांड के निरंतर अस्तित्व के लिए तुल्यता और संरक्षण सिद्धांत जिम्मेदार हैं। प्राकृतिक घटनाएं और प्रजातियां/जीव अंतरिक्ष और समय दोनों में समान हैं और संरक्षण सिद्धांत द्वारा शासित हैं। जो मौजूद है वह अस्तित्व में रहेगा, और जो यहां उभरता है वह कुछ समय के लिए बढ़ता है और फिर गायब हो जाता है और अंतरिक्ष का हिस्सा बन जाता है। यह कभी न खत्म होने वाला चक्र प्रकृति और प्रजातियों के बीच समानता बनाए रखता है, चाहे समय और स्थान के साथ उनकी स्थिति कुछ भी हो और यह अपनी हर रचना का प्राकृतिक तरीके से ख्याल रखता है।

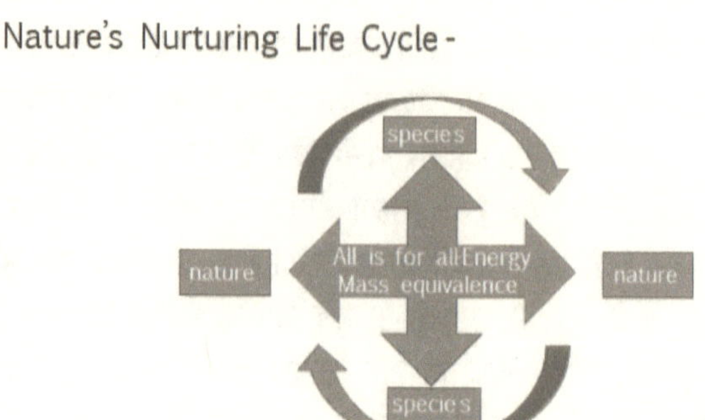

NATURE-SPECIES EQUIVALENCE

हम देख सकते हैं कि हर कोई किसी न किसी रूप में प्रकृति या सर्वोच्च सत्ता में विश्वास करता प्रतीत होता है, और सभी किसी न किसी रूप में इसकी पूजा करते हैं। प्राकृतिक आपदाएं या घटनाएं जो समय-समय पर मानव जीवन को हिलाने का कारण बनती हैं, जिसमें बाढ़, तूफान, बिजली, जंगल की आग, भूकंप और महामारी शामिल हैं जो समय-समय पर विश्व स्तर पर या विशिष्ट स्थानों में फैलती हैं। हाल के वर्षों में, विज्ञान और प्रौद्योगिकी ने महत्वपूर्ण प्रगति की है। वैज्ञानिकों और इंजीनियरों के सर्वोत्तम प्रयासों के बावजूद, इन दुर्लभ घटनाओं को नियंत्रित करना अभी भी असंभव है। मुद्दा यह है कि, जबकि विज्ञान और प्रौद्योगिकी ने हमें बहुत कुछ प्रदान किया है, खोजना और खोजना, आगे भी एक महत्वपूर्ण चुनौती बनी हुई है। यदि विज्ञान और प्रौद्योगिकी का कुशलतापूर्वक उपयोग किया जाए तो मानव सभ्यता का इस ग्रह पर फलना-फूलना संभव है। पूरे इतिहास में, आविष्कारों ने जीवन को अधिक सुखद, सरल और आनंददायक बना दिया है। क्योंकि इन सभी आविष्कारों को केवल मानव के लिए जीवन को आसान और अधिक सुखद बनाने के लिए डिज़ाइन किया गया है। विडंबना यह है कि

इन सभी आविष्कारों को मनुष्यों के लिए जीवन को आसान और अधिक सुखद बनाने के लिए डिज़ाइन किया गया है और मनुष्यों ने अन्य प्राणियों पर इसके प्रभावों और इस ग्रह पर मौजूद प्राकृतिक व्यवस्था को पूरी तरह से अनदेखा कर दिया है।

• छोटी चीजें सबसे ज्यादा मायने रखती हैं

प्रकृति बनाता है और मनुष्य आविष्कार करता है। प्रकृति की रचना और मनुष्य के आविष्कार में बहुत बड़ा अंतर है, जहाँ प्रकृति की रचना केवल मनुष्य के कल्याण तक ही सीमित नहीं है, बल्कि केवल पूरी सृष्टि के कल्याण की बात करती है जबकि मनुष्य का हर आविष्कार स्वकेन्द्रित है बस मानव जीवन को आसान बनाने की कोशिश में मानव आविष्कारों का एक सीमित उद्देश्य है, जबकि प्रकृति के निर्माण के पीछे एक बहुत बड़ा उद्देश्य छिपा है, जिसे समझने की जरूरत है। प्रजातियों का विकास एक लंबे समय से चली आ रही प्रक्रिया है जिसके माध्यम से प्रत्येक प्रजाति खुद को प्रकृति के अनुकूल बना रही है और यह पता लगाने की कोशिश कर रही है कि उसका जीवन काल कैसे बढ़ता रहता है । विकास और विकास की यह प्रक्रिया एक सतत प्रक्रिया है जो निरंतर चलती रहती है। प्रकृति ने उनकी सारी सृष्टि को कुछ शक्ति और कुछ कमजोरी दी है जिसके कारण उनकी अन्योन्याश्रयता बनी हुई है और वे प्रकृति के साथ अनुकूलनशीलता के लिए अपनी लड़ाई लड़ते रहते हैं, अपनी ताकत बढ़ाते हैं और अपनी कमजोरियों को कम करते हैं। और यह मूल्यांकन की प्रक्रिया है जो नियमित रूप से जारी रहती है।

इस प्रक्रिया से संतुलन बना रहता है। इस संतुलन को बनाए रखने के लिए न केवल बड़ी घटनाएं, महत्वपूर्ण भूमिका निभाते हैं, बल्कि छोटी घटनाएं और चीजें सबसे ज्यादा मायने रखती हैं, हालांकि अनदेखी की जाती है। हम सभी जानते हैं कि ग्रह पर जीवन के लिए ऑक्सीजन (माल) आवश्यक है लेकिन CO_2 और CFC (बैड) जैसी गैसें भी जीवन चक्र के संतुलन को बनाए रखने के लिए महत्वपूर्ण हैं। हैंस-वार्नर ने अपनी पुस्तक द ग्रीन पैराडॉक्स में, "ग्लोबल वार्मिंग के लिए आपूर्ति-

पक्ष दृष्टिकोण, बहुत अच्छी तरह से समझाया है कि पृथ्वी पर जीवन के लिए जो छोटी घटनाएं घटी थीं, वे कैसे आवश्यक हैं। आइए इसे एक उदाहरण के रूप में लेते हैं। आइए इसे समझने की कोशिश करें। आज विश्व में यह गंभीर समस्या का विषय है कि कार्बन डाइऑक्साइड और सीएफसी गैसों के अनुपात में वृद्धि ग्लोबल वार्मिंग के लिए ज़िम्मेदार है, लेकिन हमें यह जानकर आश्चर्य होता है कि पृथ्वी के वायुमंडल में इन दोनों गैसों का प्रतिशत अनुपात है। अपने आप में बहुत कम और लगभग न के बराबर है, लेकिन जैसा कि मैंने आपको बताया, जीवन चक्र के निर्माण के लिए एक छोटी सी चीज कैसे प्रभावी और हानिकारक हो सकती है, इस उदाहरण से आसानी से समझा जा सकता है।वायुमंडल में कार्बन डाइऑक्साइड का प्रतिशत है केवल 0.0038% जो 380 पीपीएम के बराबर हैन्स-वर्नर ने आगे लिखा है कि कार्बन डाइऑक्साइड के अलावा, ग्रीनहाउस गैसें, जिनमें मीथेन (1.8 पीपीएम), नाइट्रस ऑक्साइड और जल वाष्प शामिल हैं, जीवन के लिए बहुत फायदेमंद हैं, उनके कम प्रतिशत के बावजूद । अगर वहाँ वातावरण में ग्रीनहाउस गैसें नहीं हैं, तो पृथ्वी की सतह पर तापमान -6 डिग्री सेंटीग्रेड रहेगा जबकि वर्तमान में यह औसत तापमान 14.5 डिग्री सेंटीग्रेड है। वनस्पति और मानव जीवन इसके लिए स्वयं को ढाल लेते हैं अन्यथा पृथ्वी पर जीवन संभव नहीं है। ग्रीनहाउस गैसों के रूप में जीवन का यह आशीर्वाद एक अभिशाप बन जाता है अगर इस पदार्थ की मात्रा में थोड़ी सी भी वृद्धि होती है क्योंकि यह वातावरण के चक्रों को प्रभावित करता है जो बहुत संवेदनशील होते हैं। जैसा कि हमने ग्रीनहाउस गैसों की अनुपस्थिति में देखा है, पृथ्वी का औसत तापमान माइनस 6 डिग्री है और उनकी उपस्थिति में यह 14.5 डिग्री हो जाता है यानी ग्रीनहाउस गैसों की भूमिका तापमान को 20 डिग्री तक बढ़ा देती है। यह चिंता का विषय है क्योंकि यदि ग्रीनहाउस गैसों के अंश में थोड़ा सा भी परिवर्तन होता है, तो पृथ्वी का औसत तापमान बहुत प्रभावित होगा जैसा कि शुक्र ग्रह पर होता है। उनका जीवन संभव नहीं है।

उसी प्रकार छोटे-छोटे जीवों का अस्तित्व भी महत्वपूर्ण है। मधुमक्खी इस ग्रह पर हमारे अस्तित्व में एक महत्वपूर्ण भूमिका

निभाती है। इसलिए हम प्रकृति के चक्र को बाधित करने की स्थिति में नहीं हैं क्योंकि हम इसे ठीक नहीं कर सकते।

• अर्थव्यवस्थाएं सही रास्ते से क्यों भटकती हैं?

माल के आदान-प्रदान और व्यापार की सुविधा के लिए पैसा बनाया गया था और मानव जीवन को दुर्लभ घटनाओं से बचाने और कवर प्रदान करने के लिए बीमा बाजार बनाया गया था। अभी तक, बीमा बाजार अधिक बाहरी और अनिश्चित रूप में काम कर रहा है। यह हमेशा प्रतिकूल चयन और नैतिक खतरों जैसे मुद्दों से पीड़ित रहता है। बीमा बाजार के अस्तित्व के दौरान मानव जीवन की भावना के साथ तालमेल बिठाने के परिणामस्वरूप, बीमा बाजार एक अत्यधिक विकसित बाजार के रूप में विकसित हुआ है। आज भी उन जगहों पर जहां बीमा बाजार अपेक्षाकृत हाल तक मौजूद नहीं है, हम देख सकते हैं कि लोग भगवान या प्रकृति से अधिक जुड़े हुए हैं और बड़ी संख्या में लोग जो धार्मिक स्थलों पर आते हैं और किए गए प्रसाद को उचित ठहराया जा सकता है। प्रकृति का प्राकृतिक बीमा सभी के लिए है और जहां तक हम अपने प्रीमियम का भुगतान करते हैं, यह कृत्रिम बीमा की बीमारियों से मुक्त है। मनुष्य को यह समझना चाहिए कि प्रकृति सभी पृथ्वीवासियों के लिए स्वाभाविक रूप से पोषण करती है। और बीमा हमें प्रकृति की उपेक्षा करने का अधिकार नहीं देता है। हमें प्रकृति के प्रति आभारी होना चाहिए कि यह सभी का स्वतंत्र रूप से बीमा करता है, चाहे हम प्रीमियम का भुगतान करें या नहीं। क्या हमें भुगतान करना चाहिए और यदि हाँ तो भुगतान कैसे करें यह एक गंभीर प्रश्न है।

विज्ञान और प्रौद्योगिकी में प्रगति के बावजूद, ऐसी घटनाएं होती हैं, और वे विकासशील और अविकसित देशों तक सीमित नहीं हैं; वे पूरी दुनिया में होते हैं। यह दर्शाता है कि मनुष्य जिस प्राकृतिक दुनिया में रहते हैं उस पर कहर बरपा रहे हैं। नतीजतन, वह वर्तमान में अपनी मानसिक शांति के लिए भटक रहा है, ऐसे समय में जब मनुष्य को प्रकृति और उसके नियमों के साथ फिर से जुड़ना चाहिए। हमें अपने आप

को प्रकृति से अलग नहीं समझना चाहिए। बल्कि खुद को प्रकृति का अभिन्न अंग समझकर स्वीकार करना चाहिए कि हमने गलती की है लेकिन अभी भी समय है उसे सुधारने के लिए। प्रकृति अभी भी दे रही है, और हमारे दुर्व्यवहार के बावजूद, जो है वह पेश करती रहेगी। हमें सोचना चाहिए कि हम क्या चाहते हैं प्राप्त करने के लिए। हम वही प्राप्त करते हैं जो बचता है और जिसे पुनर्नवीनीकरण और परिष्कृत किया जाता है। क्या प्रकृति में पुनर्चक्रण की अत्यधिक क्षमता है या इसकी सीमा है, यह शोध के लिए दिलचस्प बिंदु है। हालांकि, इसका मानव जीवन पर महत्वपूर्ण प्रभाव पड़ता है, और हमें अपने अस्तित्व के लिए इसे समझने की जरूरत है।

- **बाजार हल नहीं कर सकता**

मनुष्य इस ग्रह पर पहली बार कुछ हज़ार साल पहले प्रकट हुए थे, और तब से, उन्होंने ब्रह्मांड के नियमों की पूरी तरह से अवहेलना करते हुए प्रकृति के साथ खेल खेलना शुरू कर दिया है। इस तथ्य को जानते हुए कि किसी भी दो-व्यक्ति शून्य-योग मैच में शून्य का शुद्ध भुगतान होता है। हम यह निष्कर्ष निकाल सकते हैं कि खेल प्रकृति को मनुष्य के खिलाफ खड़ा कर रहा है, जिसमें प्रकृति सगाई के नियमों को निर्धारित करती है। यह पूर्व निर्धारित है कि मनुष्य इस स्थिति में होगा क्योंकि वह नियमों को नहीं समझता है, और यह हार हमारे जीवन में दैनिक आधार पर परिलक्षित होती है, जिसमें कोई भी प्रकृति के प्रकोप का विरोध नहीं करता है। लक्ष्य बाधाओं को अपने पक्ष में मोड़ना है, जिसे प्रकृति तब तक अनुमति नहीं देगी जब तक हम प्रकृति के नियमों को पूरी तरह से समझ नहीं लेते। इस खेल में प्रकृति एक खिलाड़ी है। जबकि प्रकृति के नियम निर्विवाद रूप से उनके पक्ष में हैं, मानव जीत की स्थिति प्राप्त करने के लिए इन कानूनों को सीखने, समझने और उनका पालन करने से लाभ उठा सकता है।

प्रकृति का पहला नियम कहता है कि जो कुछ भी आपके पास अपनी जरूरतों को पूरा करने के बाद है उसे छोड़ दिया जाना चाहिए और आपको

जरूरत से ज्यादा स्टोर करने से बचना चाहिए और दूसरों को उस चीज का उपयोग करने से नहीं रोकना चाहिए जिसकी आपको जरूरत नहीं है। यह कोई नई धारणा नहीं है। जैन धर्म के पहले तीर्थंकर महावीर स्वामी द्वारा प्रस्तावित। अपरिग्रह की अवधारणा दुनिया भर के लगभग सभी धार्मिक शास्त्रों में बताई गई है, लेकिन इसे व्यवहार में कैसे लाया जाए, इस बारे में बहुत कम लिखा गया है। हालाँकि, क्योंकि यह एक प्राकृतिक नियम है, यह कुछ ऐसा है जिसे मनुष्य अपनी बौद्धिक क्षमता के आधार पर पूरा कर सकता है। कानून के नियमों का पालन करना जटिल है। राष्ट्रपिता महात्मा गांधी ने भी अपरिग्रह की अवधारणा पर अपने विचार बड़े विस्तार से व्यक्त किए हैं। बापू का मानना है कि अपरिग्रह का अभ्यास प्रकृति के संरक्षण, ऊर्जा के संरक्षण और सादगी से रहकर किया जा सकता है (6)।

यह संयम और संतुलन के माध्यम से कल्याण की भावना को प्राप्त करने के बारे में है। हालांकि, फिलहाल, अर्थव्यवस्थाएं पूरी तरह से बाजार संचालित हो गई हैं, और अर्थव्यवस्थाएं दुनिया भर में बढ़े हुए उत्पादन, तेज उत्पादन और तेजी से विकास की अवधारणा को लागू कर रही हैं। विकास और विकास अपने चरम पर पहुंच गए हैं, अपनी दिशा खो चुके हैं और नैतिकता इसमें अपना स्थान खो चुकी है। प्रणाली का अत्यधिक मात्रा में दुरुपयोग और शोषण किया जा रहा है। जैसे-जैसे यह असंतुलन बढ़ता है, अर्थव्यवस्था के भ्रम के जाल से खुद को अलग करना और प्रकृति द्वारा शासित दिशा से भावनात्मक रूप से जुड़ना मुश्किल हो जाता है।

बाजार अर्थव्यवस्था उत्पादन के संदर्भ में संसाधनों के उपयोग और दक्षता पर बहुत जोर देती है। फिर भी, यह लगातार इस सवाल को खुला छोड़ देता है कि क्या ऐसी प्रणाली आवश्यक है। बाजार की आवश्यकता से अधिक उत्पादन करना और फिर दूसरों को अपनी कीमतें बढ़ाकर इसका उपयोग करने की क्षमता से वंचित करना, जिससे संसाधनों की झूठी मांग पैदा करना, कुशल उत्पादन नहीं है। संसाधनों का दुरुपयोग होने पर अक्षमता प्राप्त करना संभव है। बिना आवश्यकता के उत्पादन करना आवश्यक है, और जब उस उत्पादन का उपभोग नहीं किया जाता

है, तो इसे नष्ट करना और पुन: चक्रित करना आवश्यक है। वह विकास स्थायी नहीं हो सकता, और उसके समाप्त होने का भय हमेशा चिंता का कारण होता है। हमने देखा है कि कैसे मानव ने गैर-अधिकार के नियम को समझने में विफल होकर संसाधनों का अधिकतम लाभ उठाया है। अर्थव्यवस्थाओं ने तेजी से विकास को विकास के साथ जोड़ा है, जिनके पास है और जिनके पास नहीं है, उनके बीच बढ़ती असमानता, घटती असमानता के बजाय, क्योंकि संसाधनों की उपलब्धता सीधे उन लोगों से छीन ली जाती है जिन्हें उनकी सबसे अधिक आवश्यकता होती है। ग्रह पर उपलब्ध सबसे महत्वपूर्ण प्राकृतिक संसाधन ऊर्जा स्रोत है जिससे ऊर्जा उत्पन्न होती है। प्रकृति ऊर्जा से भरपूर है या किसी न किसी रूप में यह स्वयं ऊर्जा है। हम मनुष्य ऊर्जा की पूजा करते हैं और उसे जीवन भर प्रकृति से प्राप्त करते हैं।

आज तक, ऊर्जा के तीन महत्वपूर्ण स्रोत कोयला, तेल और प्राकृतिक गैस हैं, जो सभी जीवाश्म ईंधन से प्राप्त होते हैं और इसलिए ग्रह पर उपलब्ध सबसे महत्वपूर्ण प्राकृतिक संसाधनों का प्रतिनिधित्व करते हैं। पिछले कुछ वर्षों में उल्लेखनीय वृद्धि के साथ, उनका उपयोग वर्ष 1800 से आधुनिक समय तक तेजी से बढ़ा है। हालांकि यह कहा गया है कि हमें जीवाश्म ईंधन के उपयोग को कम करना चाहिए, जो नवीकरणीय नहीं हैं और पूरी तरह से अक्षय ऊर्जा स्रोतों जैसे सौर ऊर्जा और पवन ऊर्जा पर स्थानांतरित हो जाते हैं, जिन्हें हरित ऊर्जा स्रोत माना जाता है। परमाणु शक्ति पर राष्ट्र एकमत नहीं हैं। अर्थव्यवस्था में इसका क्या कारण है? सही मार्ग जानने के बाद भी अर्थशास्त्र राष्ट्र को उस पर चलने में बाधा डालता है। भले ही हम गैर-नवीकरणीय ऊर्जा स्रोतों से अवगत हों, हमें अक्षय ऊर्जा स्रोतों की ओर बढ़ना चाहिए। जीवाश्म ईंधन से संक्रमण दूर नहीं लगता है, जो कुछ वर्षों में समाप्त हो जाएगा और फिर से तैयार होने में दस लाख साल लगेंगे? और क्या कारण है कि आर्थिक प्रणाली अभी भी हमें ऊर्जा के नवीकरणीय स्रोतों में सफलतापूर्वक संक्रमण की अनुमति नहीं दे रही है? यह एक नाजुक मुद्दा है जिस पर पूरी दुनिया को विचार करना चाहिए क्योंकि हम पृथ्वी के गर्भ से छिपी ऊर्जा को आश्चर्यजनक गति से निकाल रहे हैं और फिर

ग्लोबल वार्मिंग के कारणों की खोज कर रहे हैं।

- **केवल डेटा न पढ़ें; इसे समझें**

यह चौंकाने वाला है कि पेरिस समझौते के बाद भी, दुनिया अपने प्राथमिक ऊर्जा स्रोत के रूप में कोयला, तेल और गैस जैसे जीवाश्म ईंधन पर बहुत अधिक ध्यान केंद्रित करती है। केवल प्रति व्यक्ति ऊर्जा खपत को देखते हुए, विकसित दुनिया विकासशील दुनिया की तुलना में कई गुना अधिक खपत करती है, संयुक्त राज्य अमेरिका प्रति व्यक्ति 66525 kWh ऊर्जा का उपयोग करता है। इसकी तुलना में, भारत केवल 6303 kWh ऊर्जा की खपत करता है, जो संयुक्त राज्य अमेरिका से दस गुना कम है। कार्बन डाइऑक्साइड गैस सबसे खतरनाक ग्रीनहाउस गैस है क्योंकि कार्बन डाइऑक्साइड उल्लेखनीय रूप से महत्वपूर्ण अवधि के लिए वातावरण में फंसी हुई है, जिसका ग्लोबल वार्मिंग पर तेजी से प्रभाव पड़ता है। हम इस जानकारी को कई वर्षों से जानते हैं, और इसके बाद भी, जीवाश्म ईंधन के माध्यम से ऊर्जा का अधिग्रहण किया गया है। 2015 में पेरिस समझौते के बाद से, जब जलवायु परिवर्तन पर संयुक्त राष्ट्र सम्मेलन (सीओपी 21) ने वार्मिंग को 2 डिग्री सेल्सियस से कम रखने के लिए प्रतिबद्ध किया, तो बिजली के प्राथमिक स्रोत के रूप में जीवाश्म ईंधन के उपयोग में 5.59 प्रतिशत की वृद्धि हुई है। अच्छी खबर यह है कि कोयले का उपयोग स्थिर रहा है, लेकिन प्राकृतिक गैस के उपयोग में 12.96 प्रतिशत की वृद्धि जारी है, और तेल एक महत्वपूर्ण स्रोत बना हुआ है, जो 53620 TWH के लिए जिम्मेदार है, जिसमें 5.36% की वृद्धि हुई है। उपयोग में वृद्धि जारी है, भले ही इसे पेरिस समझौते के बाद कम करना चाहिए था। इस ग्रह पर संसाधनों की कोई कमी नहीं है; वास्तव में, उनमें से कई अज्ञात हैं। एक संसाधन को तभी आरक्षित माना जाता है जब हम उसके अस्तित्व को जानते हैं और उसका उपयोग आर्थिक रूप से व्यवहार्य होता है। यू.एस. भूविज्ञानी विंसेंट मैककेल्वे के अनुसार नए संसाधनों की वसूली और खोज रिजर्व पूल के विस्तार में योगदान करते हैं।

दुनिया भर में जीवाश्म ईंधन में ऊर्जा के स्रोत के रूप में कोयले के उपयोग में गिरावट आई है। फिर भी, तेल और प्राकृतिक गैस का उपयोग खतरनाक रूप से बढ़ा है, भले ही ये संसाधन सीमित मात्रा में ही उपलब्ध हैं और जल्द ही समाप्त हो जाएंगे। 2015 में वार्षिक उत्पादन स्तरों के अनुसार उत्पाद अनुपात (आर/पी) के लिए आरक्षित, जो ज्ञात भंडार के आधार पर छोड़े गए उत्पादन के वर्षों की संख्या को मापता है, यह तेल के लिए केवल 50.7 वर्ष, प्राकृतिक गैस के लिए 52.8 वर्ष और कोयले के लिए 114 वर्ष है। .अगर हम इसी तरह इस्तेमाल करते रहे। हमें जीवाश्म ईंधन की खोज का उपयोग तुरंत बंद कर देना चाहिए क्योंकि हमने बहुत कुछ खो दिया है। अन्यथा, हरित और नवीकरणीय ऊर्जा स्रोतों को स्थानांतरित करना असंभव होगा क्योंकि यह आर्थिक रूप से व्यवहार्य नहीं होगा। जब तक हम जीवाश्म-ईंधन-आधारित ऊर्जा संसाधनों की खोज, खोज और पुनर्प्राप्ति बंद नहीं करते, हम अक्षय ऊर्जा स्रोतों में स्थानांतरित नहीं हो सकते। (स्रोत: Ourworldindata.org/ fossilfoods)

4

शून्य से विभाजन - अनंत परिणाम की प्राप्ति

अस्मिन् विकारः खहरे न
राशावपि प्रविष्टेष्वपि निःसृतेषु।
बहुष्वपि स्यात् लय-सृष्टिकाले
अनन्ते अच्युतेभूतगणेषु यद्वत्॥

मात्रा को जोड़ने या घटाने से "खहर" (अनंत) में कोई
परिवर्तन नहीं होता,
जैसे अनंत अपरिवर्तनीय(ब्रह्म) का ये दुनिया के
निर्माण तथा
विघटन के समय जीवित प्राणियों के मृत्यु या जन्म से
कोई प्रभाव नहीं पड़ता।

Infinity further explained –
Bhaskaracharya's Bijaganita 2.20

* **हमें एक नए मॉडल की आवश्यकता क्यों है?**

चूँकि 1776 में अर्थशास्त्र के जनक एडम स्मिथ द्वारा प्रकृति की जांच पर पहली पुस्तक प्रस्तुत की गई थी, हम अभी भी पूछताछ कर रहे हैं। क्योंकि अर्थशास्त्र मॉडल काल्पनिक मान्यताओं पर आधारित हैं जैसे मुक्त व्यापार, कोई सरकारी हस्तक्षेप नहीं, तर्कसंगत व्यवहार, और पूर्ण उपभोक्ता और निर्माता ज्ञान, जांच कि उपभोक्ता, निर्माता और वितरक केवल संतुष्टि, उत्पादन स्तर और लाभ को अधिकतम करने के बारे में चिंतित हैं।

हम स्तर को अधिकतम कैसे कर सकते हैं?

क्या है सरकारों का योगदान?

हम देखते हैं कि इस अधिकतम स्तर को प्राप्त करने के बाद भी, न तो उपभोक्ता और न ही उत्पादक संतुष्ट हैं और सरकारें बाजार में हस्तक्षेप करके भी अधिकतम सामाजिक कल्याण प्राप्त करने की स्थिति में नहीं हैं। इसलिए, इस शीर्ष-स्तर से आगे जाने की आवश्यकता है, तभी हम सामाजिक कल्याण को अधिकतम कर सकते हैं। लेकिन अधिकतमकरण से परे क्या है?

* **अधिकतमीकरण से परे क्या है?**

उपभोक्ता की संतुष्टि, उत्पादक के लाभ या सरकार द्वारा किए जा रहे कल्याण प्रयासों से संबंधित अर्थशास्त्र में सिद्धांत अधिकतमकरण सिद्धांत पर आधारित हैं, अर्थात उपभोक्ता संतुष्टि को अधिकतम कैसे किया जाए, निर्माता के लिए अधिकतम लाभ कैसे खींचा जाए और सरकार के लिए अधिकतम सामाजिक कल्याण कैसे प्राप्त किया जाए। हम देखते हैं कि इन अधिकतमकरण सिद्धांतों के बावजूद, ऐसी

समस्याएं हैं जैसे उपभोक्ता विभिन्न उत्पादों और सेवाओं के उपभोग से संतुष्ट नहीं है, उत्पादक लाभ से संतुष्ट नहीं हैं और सरकारें अधिकतम सामाजिक कल्याण स्थिरता प्राप्त करने में सक्षम नहीं हैं। इन सबके बावजूद, भूख जैसे मुद्दे, कुपोषण, स्वस्थ जीवन, असमानता, निरक्षरता, बेरोजगारी, सुखी जीवन और ग्लोबल वार्मिंग आदि हमेशा के लिए रहते हैं और उनमें केवल मामूली सुधार होता है। यह हमें अधिकतमकरण के सिद्धांत से परे सोचने के लिए मजबूर करता है।

यदि हम प्रकृति पर ध्यान दें, तो हम पाते हैं कि यह अधिकतमता के सिद्धांत से परे काम कर रही है, इसलिए इसे अनंत परिणाम मिलते हैं। दूसरी ओर, हम कार्य-कारण को विभाजित करने के सिद्धांत पर काम करते हैं, यह मानते हुए कि मांग को पूरा करने के लिए संसाधन दुर्लभ हैं। प्रकृति केवल विभाजन न करके पूर्ण संतुष्टि और अनंत परिणाम प्राप्त करने के लिए विभाजन की संहिता पर काम करती है। प्रकृति रीसाइक्लिंग, अप-साइकलिंग और रिफाइनिंग संसाधनों द्वारा असीमित प्रसाद प्रस्तुत करती है और अनंत परिणाम प्राप्त करती है। इसके विपरीत, मानव बंटवारे/विभाजन पर ध्यान केंद्रित करता है और बंटवारे/विभाजन में असमानता जैसे मुद्दों के लिए संघर्ष करता है। विभाजन की अवधारणा मानव मन की उपज है क्योंकि हम मानते हैं कि संसाधन दुर्लभ हैं। हम प्रकृति के पुनर्चक्रण, पुनर्चक्रण और शोधन तकनीकों को न तो सीखते हैं और न ही लागू करने का प्रयास करते हैं। थोड़ी देर के लिए सोचें, प्राकृतिक रूप से संतुलन बनाने के लिए प्रकृति के अपने प्राकृतिक चक्र हैं। हम मनुष्यों को प्रकृति के सेवक के रूप में काम करना चाहिए न कि उस पर काबू पाने के लिए संघर्ष करना चाहिए। मानव द्वारा प्रकृति के कार्यों में दखल देने के गंभीर परिणाम हो रहे हैं।

- सीमितता से परे सोचें

वर्तमान समय में आर्थिक स्थिति और मानव व्यवहार में काफी बदलाव आया है। ये नई आर्थिक स्थितियां परस्पर निर्भरता, भागीदारी, सामूहिक प्रयास, सरकारों के आपसी समन्वय, नीतियों में एकरूपता

और प्रभावी निष्पादन की आवश्यकता पर जोर देती हैं। यह संभव हो जाता है कि हम प्रकृति के आवश्यक तत्वों पर विचार करें जिन्हें अब तक आर्थिक मॉडल में उपेक्षित किया गया है और उन्हें अनिवार्य रूप से आर्थिक मॉडल में शामिल करना चाहिए। प्रकृति के नियमों के आधार पर, हम यह मानकर मॉडल का निर्माण कर सकते हैं कि वर्तमान उपभोक्ता, निर्माता और सरकारें प्रकृति और प्रकृति जनित आपदाओं को गंभीरता से लेती हैं और उन्हें एक सहयोगी के रूप में देखती हैं, शत्रु के रूप में नहीं। यह प्रकृति के साथ न्यूनतम से लेकर न्यूनतम तक हस्तक्षेप करने का विचार है। सरकारें वास्तव में विवेकपूर्ण हैं और नतीजों को लेकर गंभीर हैं। यह अनिवार्य हो जाता है कि हम आर्थिक मॉडल को एक नए रूप में प्रस्तुत करें जिसमें प्रकृति के नियम शामिल हों ताकि मनुष्य की सोच और कार्यों में एकरूपता लाई जा सके। हम और हमारी आने वाली पीढ़ियां हमेशा के लिए प्रकृति का आनंद ले सकती हैं। केवल रीसाइक्लिंग, पुनर्चक्रण और संसाधनों को परिष्कृत करने के प्राकृतिक तरीकों को सीखने, अपनाने और लागू करने से हम जैविक विकास का एक नया मॉडल तैयार कर सकते हैं और दुर्लभ के बजाय जबरदस्त संसाधनों वाले आर्थिक मॉडल की ओर बढ़ सकते हैं।यदि हम वैश्विक स्तर पर देखें तो साधन सीमित कैसे हो सकते हैं जब तक हम उनका ना ही पूर्ण उपयोग कर रहे हैं और ना ही इष्टतम उपयोग कर रहे हैं।

हमारे विकास मॉडल को मानव कल्याण को इस तरह स्थापित करना चाहिए कि वह प्रकृति को अक्षुण्ण रखे, तभी हमें प्रकृति जैसे अनंत परिणाम मिल सकते हैं। प्राकृतिक विवेक, सभी को शामिल करते हुए, कमी की समस्या से परे एक हरित आर्थिक विकास मॉडल पेश कर सकता है। हम सभी को इस पर धैर्यपूर्वक विचार करना चाहिए।

• प्रकृति के वितरण का सिद्धान्त

प्रकृति का वितरण कानून नियंत्रित करता है कि संसाधनों को कैसे साझा किया जाता है। यदि हम बारीकी से देखें तो हम देख सकते हैं कि

इस ग्रह पर पाई जाने वाली सभी प्रजातियाँ, जिनमें मनुष्य भी शामिल हैं, पूरी तरह से प्राकृतिक शक्तियों के कारण मौजूद हैं। दूसरी ओर प्रकृति के संसाधन समाप्त होते जा रहे हैं। हम, मनुष्य, अपनी जरूरतों के बजाय मांग के आधार पर हमारे पास उपलब्ध संसाधनों का उपयोग करते हैं। जरूरतों और मांग के बीच की खाई चौड़ी हो गई है। हमने अपनी तात्कालिक जरूरतों से परे मांग पैदा करने के लिए अपनी बुद्धि से धन का आविष्कार किया। इसका आनंद लेने के लिए, हमने दूसरों को पूरी तरह से नजरअंदाज कर दिया या बाहर कर दिया। यहां हर किसी की मौजूदगी जरूरी है क्योंकि प्रकृति में बनाई गई हर चीज का एक मकसद होता है। अस्तित्व के लिए, पृथ्वीवासी एक दूसरे पर निर्भर हैं। मनुष्य अपनी समझ और ज्ञान के आधार पर इन संसाधनों का कुशल उपयोग करने के लिए सबसे उपयुक्त है। दुर्भाग्य से, वह अपने दम पर संसाधन उत्पन्न करने में असमर्थ है। नतीजतन, उसे संसाधनों का उपयोग करते समय अत्यधिक सावधानी बरतनी चाहिए। इसलिए संसाधनों की कमी है।

मनुष्य ने अपने लालच और वर्तमान उपलब्धता के आधार पर संसाधनों का दोहन करना चुना है। कुछ की मांग को पूरा करने के लिए सभी की उपेक्षा की। बुद्धि का दुरुपयोग किया। वह अपने लाभ के लिए समय से पहले सभी संसाधनों की बढ़ती मात्रा का उपभोग करना चाहता है। वह अपनी इच्छाओं को पूरा करके सुख प्राप्त करना चाहता है। अगर हम इस बात पर ध्यान दें कि प्रकृति ने हमें क्या दिया है? तब हमें पता चलता है कि प्रकृति हमें दो प्रकार के ऊर्जा संसाधन प्रदान करती है। एक है जीवाश्म ईंधन, जो एक प्रकार की ऊर्जा है जो पृथ्वी के भीतर गहराई में पाई जाती है। शक्ति का एक और प्राकृतिक स्रोत बाहर पाया जाता है। यह भरपूर आपूर्ति में है। सूर्य का प्रकाश, ऑक्सीजन, जलवाष्प, उपजाऊ भूमि और जैव विविधता इसके कुछ उदाहरण हैं। और यह शानदार है।

प्रकृति सभी के बीच प्राकृतिक संसाधन प्रस्तुत करती है और बिना किसी मांग के यह वितरण कर रही है। चाहे वह धूप हो, ऑक्सीजन हो या पूरा वातावरण, सभी प्रजातियों द्वारा इसका भरपूर आनंद लिया जा रहा है। अगर हम और भी आगे बढ़ते हैं तो पाते हैं कि प्रकृति ने हमें सभी को

बराबर समय दिया है, इस दुनिया में ऐसा कोई भी प्राणी नहीं है जिसके पास न तो समय हो और न ही दूसरों से कम। इस दुनिया में ऐसा कोई प्राणी नहीं है जिसके पास ऑक्सीजन की उपलब्धता न हो।

हाँ, सबके पास समान समय है।

और सभी संसाधनों तक समान पहुंच।

जब तक कि इसे मनुष्यों द्वारा नियमित और नियंत्रित नहीं किया जाता है।

क्या हम देखते हैं कि जब प्रकृति अपने सभी संसाधनों को सभी पृथ्वीवासियों के बीच वितरित करती है, तो उसे इसकी परवाह नहीं होती है?

इसका उपयोग कौन कर रहा है?

इसका उपयोग क्यों किया जा रहा है?

इसका उपयोग किया जा रहा है या दुरुपयोग?

कितना उपयोग हो रहा है?

और क्या वापस दिया जा रहा है?

ये सभी मूर्खतापूर्ण प्रश्न प्रकृति के वितरण के नियम में शामिल नहीं हैं। प्रकृति बिना शर्त ये उपहार देती रहती है और देती रहती है। लेकिन हम समझते हैं कि जब भी कोई वस्तु मुफ्त में उपलब्ध होती है, तो उसका मूल्य ह्रास या ऋणात्मक भी हो जाता है।

क्या हम प्रकृति को महत्व दे रहे हैं यदि हाँ तो कैसे?

इसलिए हम पर्यावरण और प्रकृति को कभी महत्व नहीं देते क्योंकि ये सामान स्वतंत्र रूप से उपलब्ध हैं और कमी की समस्याओं से मुक्त हैं। हालाँकि, प्रकृति का कोई सटीक मूल्य नहीं है, लेकिन निश्चित रूप से आंतरिक मूल्य है।

साथ ही, आइए देखें कि जब भी हम इन संसाधनों का उपयोग न करके उनका दुरुपयोग करते हैं, तो हमें गंभीर परिणाम भुगतने पड़ते हैं। ग्लोबल वार्मिंग, पर्यावरण प्रदूषण, दुष्प्रभाव, बेमौसम मौसम की स्थिति आदि सहित जीवाश्म ईंधन के अत्यधिक दोहन के कारण हमें जो परिणाम सामने आ रहे हैं, उसका हमें सामना करना ही होगा। यह बताना आवश्यक है कि ग्लोबल वार्मिंग क्यों हो रही है? यह ध्यान रखना

दिलचस्प है कि यह सामान्य रूप से नहीं हो रहा है, बल्कि जबरदस्ती उकसाया जा रहा है। हमने धरती में छिपी ऊर्जा को बाहर निकाल कर बहुत बड़ी गलती की है। पर्यावरण की गतिशीलता का उपयोग न करके हम सभी इस गलती की सजा भुगत रहे हैं। पृथ्वी में छिपी एकाग्र शक्ति को निकालने का ही परिणाम है कि आज ग्लोबल वार्मिंग की समस्या परेशान कर रही है। स्वाभाविक रूप से, यह केंद्रित ऊर्जा ज्वालामुखियों और भूकंपों के माध्यम से निकलती है, लेकिन हम कोयले, गैस और तेल के निष्कर्षण के माध्यम से इस आंतरिक ऊर्जा को अस्वाभाविक रूप से उपयोग करने का प्रयास करते हैं। सालों तक निकालने के बाद इसे रोकने की बात करते हैं।प्रकृति और मानव के साझा सिद्धांत के बीच अंतर-

HOW NATURE SHARES	HOW HUMAN SHARES
Long Term Approach	Short Term Approach
Supply Driven	Demand-Driven
All Is for All	All Is for Few
Natural Balancing Plays	Artificial Unbalancing Plays
Creation for Cause	Creation for Reason
Nature is Reviving	Man is Wasting
Divide By Zero	**Divide By Natural Number**
Get Infinite Results	Get Finite Results
Continuous Reviving Nurtures Naturally	Continuous Consumption Collapses
Balances All Natural Cycles	Disturb All Natural Cycles
Uniqueness in Creations	Duplication in Creations
Advanced Input - Impact Model	Basic Input – Output Model

- ## शून्य से विभाजन का प्रकृति का नियम

आइए प्रकृति के शून्य से विभाजन के नियम को विस्तार से समझते हैं। जब भी किसी व्यक्ति को कुछ लोगों के बीच कुछ विभाजित करना होता है, तो वह उस चीज़ को प्राकृतिक संख्या (यानी वहां लोगों की संख्या) से विभाजित करता है और समान रूप से वितरित करने की पूरी

कोशिश करता है। इस उद्देश्य को पूरा करने के लिए अर्थव्यवस्था और राजनीतिक अर्थव्यवस्था का विकास किया गया है। समाज के कल्याण को बढ़ाने के लिए योजनाओं का निर्माण और संसाधनों का वितरण सुनिश्चित किया जाता है। यह विश्लेषण करने के लिए राजनीतिक अर्थशास्त्र का एक रोमांचक क्षेत्र है कि कैसे अर्थव्यवस्थाओं ने पैसे की शुरूआत के माध्यम से प्रकृति द्वारा समान रूप से विभाजित संसाधनों को बेतरतीब ढंग से खराब कर दिया है। हैव और हैव-नॉट के बीच की खाई को चौड़ा किया गया है। और यह तेजी से चौड़ा हो रहा है।

संसाधनों तक पहुंच के समान अवसर को विभाजित करने और सुनिश्चित करने के इस वैचारिक दृष्टिकोण के आधार पर दुनिया भर में लोकतंत्र उभरे और फले-फूले। स्वाभाविक रूप से शून्य से विभाजित करने के लिए कड़ी मेहनत की जाती है। सब कुछ सबके लिए है। लेकिन जिस तरह से नई तकनीक और विज्ञान विकसित हो रहे हैं, वहां कई लोग हैं, कई अर्थव्यवस्थाएं जो विकसित हो रही हैं या कहें कि अल्प विकसित हैं, अभी भी कई विकसित देशों से करीब 200 साल पीछे हैं। यह बहुत चिंता का विषय है कि एकमात्र आर्थिक उद्देश्य कल्याण है। इसके लिए प्रकृति के रहस्य को समझने की जरूरत है कि कैसे प्रकृति सभी को समान अवसर देती है, प्रकृति किस प्रकार अद्वितीय विशेषताएं प्रदान करती है, जीवित रहने के लिए बनाई गई प्रत्येक प्रजाति को क्षमताएं प्रदान करती है। अर्थशास्त्र ने इसे कैसे विकृत किया है ? प्रकृति पानी, सूरज की रोशनी, जमीन, हवा के अन्य प्राकृतिक संसाधनों तक पहुंचने का एक समान मौका प्रस्तुत करती है और राजनीतिक अर्थव्यवस्थाओं ने शुद्ध प्राकृतिक संसाधनों के लिए एक बाजार बनाकर वितरण को असमान और प्रतिबंधित पहुंच बना दिया है, इस तथ्य को जानते हुए कि यह प्राकृतिक एकाधिकार बना रहा है।

अर्थव्यवस्था में वितरण का एक सामान्य सिद्धांत है जिसके द्वारा वस्तुओं और सेवाओं का वितरण किया जाता है। लेकिन समस्या तब पैदा होती है जब सामान के साथ बैड का उत्पादन किया जाता है। माल की मांग तो सभी करते हैं, लेकिन बैड का बोझ बांटना कोई पसंद नहीं करता। माल के लिए एक बाजार है लेकिन बैड के लिए नहीं। बैड्स के

लिए, केवल आपूर्ति है और मांग नहीं है, और बाजार गायब है। जबकि माल के मामले में, आपूर्ति में कमी के साथ मांग बहुत अधिक है। बैड्स को कोई साझा नहीं करना चाहता, इसलिए बैड बाजार उपलब्ध नहीं है, जो बाजार की कमी की समस्या है। यह अपेक्षा करना स्वाभाविक है कि बैड और माल के विभाजन के लिए निष्पक्ष विभाजन के लिए प्रतिस्पर्धी दृष्टिकोण समान रूप से सफल है।

दृष्टिकोण का एक साधारण परिवर्तन बैड को सामान में बदल देता है। (बोगोमोलनिया एट अल., 2019)। 1997 में क्योटो प्रोटोकॉल में इस आधार पर कार्बन क्रेडिट का बाजार विश्व स्तर पर उभरा। अब तक के दो सबसे महत्वपूर्ण कार्बन बाजार - यूरोपीय संघ के उत्सर्जन व्यापार प्रणाली (ईयू-ईटीएस) और संयुक्त राष्ट्र की कार्बन ऑफसेटिंग योजना स्वच्छ विकास तंत्र (सीडीएम) विफल हैं। कार्बन ट्रेडिंग दृष्टिकोण के साथ तीन प्रणालीगत विफलताएं हैं। विकसित दुनिया में कार्बन बाजारों और विकासशील देशों में ऑफसेटिंग अवसरों के बीच एक कड़ी है। सरकारी अधिकारियों ने हाल ही में दावा किया कि भारत में किसी भी सीडीएम परियोजना (चीन के बाद सीडीएम परियोजनाओं का दूसरा सबसे प्रमुख मेजबान) को 'अतिरिक्त' नहीं माना जा सकता है। इसका मतलब यह है कि प्रत्येक सीडीएम परियोजना हमेशा की तरह 'व्यापार' से परे होनी चाहिए, यानी जो कुछ भी होता उससे कहीं अधिक हरा-भरा होना चाहिए। दूसरा कारण यह है कि कार्बन बाजार भ्रष्टाचार और गैर-पारदर्शिता से प्रभावित हुए हैं और तीसरा कार्बन बाजार ने अस्थिर प्रथाओं को बढ़ावा दिया है (क्यों कार्बन बाजार विफल हो रहा है? "स्टीफन बोहम" द गार्जियन)। एम रमेश द्वारा लिखित बिजनेस लाइन में प्रकाशित एक लेख, "फैट ऑफ इंडियन कार्बन क्रेडिट वर्थ हजारों करोड़ हैंग बैलेंस" में वर्णन किया गया था कि कैसे कार्बन क्रेडिट का सीडीएम बाजार 350 मिलियन भेदों को ध्वस्त कर दिया था, इस बाजार में भारतीय कंपनियों द्वारा पंजीकृत किया गया था। जब समय अनुकूल था, 1 सीईआर का मूल्य 25 डॉलर था और भारत में इसका बाजार 45 हजार करोड़ माना जाता था। बाजार की गिरावट के कारण, यह 25 सेंट तक कम हो गया है, और भारत के सीडीएम क्रेडिट का

85% और 30% स्वैच्छिक है। क्रेडिट अभी भी बाजार में बिना बिके हैं। कुल मिलाकर, क्योटो प्रोटोकॉल और पेरिस समझौते में तैयार कार्बन क्रेडिट का यह छद्म बाजार विकासशील अर्थव्यवस्थाओं के लिए घातक साबित हुआ है। क्योंकि विकासशील और अविकसित देशों की संख्या बहुत अधिक है। हर कोई कार्बन क्रेडिट लेना चाहता है, इसलिए यहां मांग और आपूर्ति की समस्या है। कार्बन क्रेडिट की आपूर्ति इसकी मांग से अधिक हो रही है। इसलिए बाजार में इसकी कीमत कम हो गई है, और यह अपरिहार्य है, इसलिए बाजार के माध्यम से इस मुद्दे को हल करना असंभव है जैसा कि विकसित अर्थव्यवस्थाओं ने सोचा था।

हमें इसके बारे में किसी और तरह से सोचना चाहिए। यानी डिवीजन बाय द जीरो रूल। प्रकृति के रहस्यों को समझना, प्रकृति के अर्थशास्त्र को समझना, प्रकृति के व्यवहार को समझना, प्रकृति के बाजार तंत्र को समझना और इसके माध्यम से उसका समाधान करना। कुदरत जैसे बैड बांटती है, वैसे ही सामान बांटती है। सब कुछ सबके लिए है। सभी बैड जो माल उत्पादन के उप-उत्पाद हैं, सभी के लिए हैं। तो फिर सारी वस्तुएँ सबके लिए क्यों नहीं? विश्व के नेताओं और अर्थव्यवस्थाओं को इस पर पुनर्विचार करना चाहिए।

ग्लोबल वार्मिंग पर कार्बन क्रेडिट बाजार के ढहने का खतरा मंडरा रहा है। ग्रीनपीस के एक लेख के अनुसार, आज की पूरी मानव सभ्यता "ग्रीनवॉशिंग के स्वर्ण युग" में जी रही है, जिसमें दुनिया के सबसे प्रसिद्ध कंपनीज अपने कार्बन उत्सर्जन को कम कर सकते हैं। परन्तु वे इसे कम करने की बजाय हरे-भरे आवरण के पीछे छिपाकर उपभोक्ताओं को धोखा दे रहे है। ग्रीनवॉशिंग एक जनसंपर्क रणनीति है जो एक कंपनी या उत्पाद को पर्यावरण के अनुकूल बनाती है जबकि इसके पर्यावरणीय प्रभाव को कम करने के लिए कुछ भी नहीं करती है। ग्रीनवाशिंग और जलवायु इनकार दोनों का एक ही लक्ष्य है: विनाशकारी जलवायु परिवर्तन से बचने के लिए सख्त कार्रवाई करने में देरी करना या उससे बचना। दूसरी ओर, ग्रीनवॉशिंग के साथ एक समस्या और है: यह गलत धारणा पैदा करता है कि महत्वपूर्ण वैश्विक मुद्दों को संबोधित किया जा रहा है, बल्कि वास्तव में ऐसा नहीं हैं। (हरित शांति

-29 जून 2021)

अर्थव्यवस्था विफल हो जाती है क्योंकि यह वस्तुओं के वितरण के लिए नियम और मॉडल बनाती है लेकिन बूरी वस्तुओं के लिए नहीं। बूरी वस्तुओं के लिए कोई खरीदार नहीं है, कोई बाजार नहीं है, और कोई कीमत नहीं है; केवल आपूर्ति होती है। चूँकि प्रकृति के बाहर इसका कोई खरीदार मौजूद नहीं है, बाजार बूरी वस्तुओं से निपटने में पूरी तरह से अप्रभावी है। बाजार समाधान तब तक असंभव है जब तक हम प्रकृति को खेल में एक खिलाड़ी के रूप में नहीं मानते हैं और इसके भुगतान का निर्धारण नहीं करते हैं। सरकारी संस्थाएँ प्रकृति की जगह नहीं ले सकतीं क्योंकि वे स्वयं यहाँ एक पार्टी हैं।

दो-खिलाड़ी खेल समस्या का समाधान नहीं करेगा जब तक कि दोनों पक्ष भाग न लें और तर्कसंगत रूप से न खेलें। क्योंकि हम प्रकृति के नियमों के अनुसार काम नहीं कर रहे हैं, यह एक समस्या के रूप में स्पष्ट हो जाता है, और जब भी हम एक समस्या का समाधान करते हैं, तो कई और उत्पन्न होती रहती हैं।

यहाँ सीमांत लाभ और सीमांत लागत की बुनियादी आर्थिक अवधारणा पर पुनर्विचार किया जाना चाहिए, क्योंकि हम समस्याओं को हल करने में विफल रहते हुए केवल एक प्लेसबो की तरह अपनी बौद्धिक भूख को संतुष्ट कर सकते हैं। पूरी दुनिया ने तय किया है कि शुद्ध-शून्य कार्बन उत्सर्जन वांछनीय है, और इस लक्ष्य को प्राप्त करने के लिए काम चल रहा है। एक समय सीमा भी निर्धारित की गई है। हालांकि, यह निर्धारित करना महत्वपूर्ण है कि क्या यह समय सीमा इस कार्य को पूरा करने के लिए पर्याप्त है। जब तक सभी विकसित, विकासशील और अर्ध-विकसित अर्थव्यवस्थाएं एक साथ काम नहीं करतीं, तब तक ग्लोबल वार्मिंग की विश्व स्तरीय समस्या का कोई स्थायी समाधान नहीं होगा।

संसाधनों के वितरण में प्रकृति नियम का पालन करती है। शून्य से भाग देने का क्या अर्थ है? हम देख सकते हैं कि कैसे प्रकृति अपने सभी संसाधनों को दुनिया भर में बिना किसी कीमत के वितरित करती है। प्रकृति का मूल्य क्या है? अर्थशास्त्र में, खरीदार मूल्य स्थापित करता

है; खरीदार अपनी जरूरतों के आधार पर वस्तु की कीमत का भुगतान करने को तैयार है, लेकिन प्रकृति में ऐसा नहीं है। क्योंकि चरित्र इनमें से किसी भी संसाधन का उपयोग अपने लिए नहीं बल्कि हमारे लिए करता है, प्रकृति अपने सभी संसाधनों को पूरी दुनिया को बिना किसी कीमत के देने, परिष्कृत, रीसायकल और अपसाइकल करने को तैयार है, इसलिए प्रकृति प्रदत्त संसाधनों का मूल्य निर्धारित करना सबसे कठिन समस्या बन जाती है। इस स्थिति में यह महत्वपूर्ण है। हमें यह समझना चाहिए कि प्रकृति से जो कुछ भी लिया जाता है वह मूल्य संवर्धन कर उपयोग किया जाता है। उपयोग की जाने वाली हर वस्तु के लिए प्रकृति को कुछ वापस देने की जरूरत है। अन्यथा, शून्य विभाजन के नियम के आधार पर प्रकृति को अनंत परिणाम मिलेंगे। इससे बचने का यही तरीका हैं कि हम इस गेम में प्रकृति के प्रतिस्पर्धी ना बनकर सहयोगी बने, कोऑपरेटिव गेम खेलें और प्रकृति की भाँति अनंत परिणाम प्राप्त करें, तभी हमारा अस्तित्व सतत रहेगा और जीवन सार्थक बनेगा। अन्यथा यह खेल अंततः एक जीरो-सम गेम बन जाएगा, जिसमें प्रकृति को हमसे जितना नुकसान होगा हमें भी उतना ही नुकसान उठाना पड़ेगा।आज नहीं तो कल, इसलिए हमें इस खेल में प्रकृति को उसकी अदायगी देते रहना चाहिए और खेल को जारी रखना चाहिए।प्रश्न यह उठता हैं कि यह अदायगी कैसे दें ?

हम कह रहे हैं कि यहाँ प्रकृति का वितरण शून्य से विभाजित है क्योंकि प्रकृति कोई संसाधन वितरित नहीं करती है। इसके बजाय, वह केवल हमारे सामने संसाधन प्रस्तुत करती है। हम उन संसाधनों का उपयोग उनकी उपलब्धता, सुविधा और आवश्यकता के अनुसार करते हैं क्योंकि प्रकृति उन्हें किसी से विभाजित नहीं कर रही है, इसलिए हम कह सकते हैं कि यह शून्य से विभाजित करने पर काम कर रहा है। गणित में शून्य से भाग करना असंभव है, और यह परिभाषित नहीं है क्योंकि यह अनंत परिणाम देता है, और हम यह भी देखते हैं कि प्रकृति असीमित परिणाम प्राप्त कर रही है। इसे हम भारत में प्रचलित विवाह समारोह में स्वयंभू भोज के उदाहरण से समझ सकते हैं। पहले विवाह समारोह में 'जिमान' में बैठकर खाना परोसा जाता था और लोग आराम से बैठकर

अपनी जरूरत के हिसाब से खाना खाते थे। फिर भी खाने वाले ने खाना भी परोसा और लोग पीछे छूट गए, लेकिन आज बुफे पर खाना परोसा जाता है। लोग अपनी इच्छा और आवश्यकता के अनुसार अपनी थाली में भोजन लेते हैं क्योंकि यह यहाँ प्रस्तुत किया जाता है और कोई परोस नहीं रहा है। इसलिए लोग ज्यादा लेते हैं और ज्यादा बर्बाद करते हैं।

उसी तरह आज प्रकृति सभी प्रसाद हमारे सामने प्रस्तुत करती है, इसलिए हम यह नहीं देखते कि हमें कितना चाहिए, हमें क्या चाहिए और हम कितना उपभोग कर सकते हैं, लेकिन हम दूसरों को देखकर अधिक संसाधनों का उपभोग करते हैं और अधिक बर्बाद करते हैं। और बदले में भुगतान करने के बारे में कभी मत सोचो। अब प्रश्न उठता है कि प्रकृति को लिफाफा कैसे दिया जाए। अगर हम किसी की शादी में जाते हैं और बिना लिफाफा दिए वापस आ जाते हैं तो यह बहुत शर्म की बात होगी। इसलिए जरूरी है कि अगर हम यहां धरती पर आए हैं और इस यात्रा में हमें खुशी होगी। अगर हम ऐसी चीजों का आनंद ले रहे हैं, तो हमें यहां से कुछ देकर जाना चाहिए। हमारे पूर्वज मां की तरह प्रकृति की पूजा करते थे और आज हम जो भी त्योहार या व्रत रखते हैं, वह सब प्रकृति पर आधारित हैं। भारत में आज भी खाने से पहले गाय और कुत्ते के लिए एक रोटी निकाली जाती है और चींटियों और मछलियों के लिए आटा भी निकाला जाता है। तो हमें संतुष्टि तभी मिलेगी जब हम सबके लिए सोचेंगे, सबके लिए जिएंगे, सबके लिए कुछ करेंगे लेकिन आज विकास और शहरीकरण के साथ हम इसे भूल जाते हैं, और इसे बहाल करने की बहुत जरूरत है। जीवन का परम आनंद, परम आनंद, उस त्याग में है जो प्रकृति ले रही है, और मनुष्य प्रकृति का पूरी तरह से आनंद लेने के बाद भी एक परेशान जीवन जीते हैं।

IUCN की एक रिपोर्ट के अनुसार, प्रकृति-आधारित पुनर्प्राप्ति पहल- वैश्विक लक्ष्यों के लिए प्रकृति-आधारित समाधान संभव हैं । एक स्वस्थ पारिस्थितिकी तंत्र वैश्विक सकल घरेलू उत्पाद के 55% के लिए जिम्मेदार है। पर्यावरण क्षरण ने अर्थव्यवस्थाओं को खतरे में डाल दिया है, अकेले परागण करने वाले कीड़ों में गिरावट के कारण 191 बिलियन डॉलर का वैश्विक शुद्ध नुकसान हुआ है। आपदा जोखिम प्रबंधन सर्पिल

का उपयोग संकट प्रबंधन चक्र के सभी चरणों के लिए एनबीएस के समर्थन को विस्तृत करने के लिए किया जा सकता है (आरआईसीएस 2009; चित्र)।

सिद्धांत के अनुसार, यदि देश प्रभावी आपदा जोखिम में कमी (डीआरआर) को लागू करते हैं, तो प्रत्येक आपदा से होने वाली हानि और क्षति समय के साथ कम हो जाएगी, जिससे उन्हें "घटना चक्र" से बाहर निकलने में मदद मिलेगी और आपदा रोकथाम की दिशा में ऊपर की ओर बढ़ने की अनुमति मिलती है जिससे सतत विकास की और अग्रसर होंगी।" एक आपदा (प्रभाव) से राहत, पुनर्प्राप्ति और पुनर्निर्माण की ओर बढ़ने के निरंतर चक्र के बजाय, प्रकृति-आधारित समाधानों को बढ़ावा देने के लिए इस्तेमाल किया जाने वाला मॉडल - एक संकट जोखिम कम करने के उपायों का अवसर प्रदान करता हैं । इसी तरह, प्रतिक्रिया और राहत, सुधार, सुधार और अंततः हरित विकास के लिए एनबीएस का उपयोग करके देशों को COVID-19 के साथ एक स्थायी संक्रमण में मदद की जा सकती है। एनबीएस कई तरह के मुद्दों में मदद कर सकता है। (आईयूसीएन) साथ ही इकनोमिक इम्युनिटी को बूस्ट करने से हमें बार बार की आपदाओं से आर्थिक क्षति के प्रति प्रतिरोधकता भी मिलती हैं ।

5

प्रकृति की रॉयल्टी और वैश्विक मुद्दे

"हे लेडी! हम प्राप्त करते हैं लेकिन हम क्या देते हैं ? और प्रकृति अकेले हमारे जीवन में रहती है" -सैमुअल टी कोलरिज

• **पृथ्वी एक है, लेकिन दुनिया नहीं**

कई वर्षों से, अर्थशास्त्र गरीबी, असमानता और ग्लोबल वार्मिंग जैसी वैश्विक चिंताओं को हल करने के लिए झूंझ रहा है। यह समाधान खोजने में विफल रहा है क्योंकि प्रस्तुत किए गए मॉडल इन समस्याओं को हल करते-करते नई समस्याओं को जन्म देते हुए और खराब कर देते हैं। हालांकि किए गए प्रयास ने निरपेक्ष रूप से समस्याओं को हल कर लिया है। लेकिन सापेक्ष रूप से अत्यधिक बिगाड़ दिया है । अगर कोई वैश्विक स्तर पर आंकड़ों को देखता है, तो यह स्पष्ट हो जाता है कि गरीबी, असमानता और ग्लोबल वार्मिंग, कई अंतरराष्ट्रीय संगठनों के माध्यम से चलाए जा रहे अनूठे अभियानों के बावजूद हाल के वर्षों में तेजी से बिगड़े है। स्थितियाँ लगातार बिगड़ रही है, और आर्थिक उपायों के माध्यम से इसे विनियमित करना आसान नहीं लगता है। फिर भी, सबसे महत्वपूर्ण बात यह है कि हमारे विश्वदृष्टि में एक विरोधाभास है,

जिसे यदि हम चाहें तो एक सरल उदाहरण से समझ सकते हैं। प्रकृति हमारी सहायता कर सकती है। हम देखते हैं कि संसाधनों का वितरण कैसे होता है, प्रकृति सभी को कुछ न कुछ प्रदान करती है, चाहे संसाधन अच्छे हों या हानिकारक। साथ ही, प्रकृति अन्य संसाधनों के अलावा महत्वपूर्ण संसाधन जैसे धूप, हवा, पानी, महासागर और जलवायु प्रदान करने के लिए हर संभव प्रयास करती है। असमानता तब पैदा होती है जब इस ग्रह पर रहने वाले लोग यह मान लेते हैं कि उनके देश की सीमाओं के साथ स्थित सभी संसाधनों का उपयोग उनके द्वारा ही किया जा सकता है। जबकि वहाँ रहने वाले लोगों की संख्या संसाधनों की संख्या से काफी अधिक या कम हो सकती है । उपभोग किए गए संसाधनों को इन कीमती संसाधनों के मालिकों और उपयोगकर्ताओं द्वारा पर्याप्त रूप से मुआवजा दिया जाना चाहिए। ग्लोबल वार्मिंग और प्रदूषण जैसे प्राकृतिक बूरे प्रतिउत्पाद भी अच्छे संसाधनों के वितरण के तरीके के अनुरूप हैं। यह स्पष्ट है कि ये प्राकृतिक बूरे प्रतिउत्पाद सभी के बीच समान रूप से फैले हुए हैं और हर कोई एक ही तरह से उनके परिणाम भुगतता है, फिर अच्छे संसाधनों के वितरण की असमानता समझ से परे हैं। आप इसपर अपना क्या मत रखते हैं ? सभी, सभी के लिए हैं चाहें अच्छा या बूरा ।

पूरे ग्रह के सामान के संरक्षण की बाधाओं के तहत विशिष्ट प्राकृतिक विरासत को केवल अस्थायी रूप से राष्ट्रीय संपत्ति के रूप में विनियोजित किया जा सकता है। मौलिक अर्थों में, पृथ्वी और उसकी समृद्धि किसी की नहीं है क्योंकि वे हम सभी के हैं। ("पृथ्वी पर आंतरिक मूल्य" होम्स रिसिस्टन)

अब यह पता लगाना महत्वपूर्ण हो जाता है कि संसाधनों पर सरकारी बाधाओं द्वारा सीमित असमानता को कैसे समाप्त किया जाए। हम महसूस करते हैं कि जीवाश्म ईंधन ग्लोबल वार्मिंग की जड़ हैं, और हमें यह पता लगाना चाहिए कि प्राकृतिक गैस, कोयला और तेल सहित इस अन्याय को कैसे रोका जाए। यह समझना आवश्यक है कि इनका दोहन किसी देश द्वारा अपने आरक्षित स्थान के आधार पर किया जा रहा है और लगातार बढ़ रहा है। इसके विपरीत, सौर ऊर्जा (पीवी

और सीएसपी), पवन ऊर्जा, बायोएनर्जी और जल विद्युत जैसे हरित ऊर्जा संसाधनों का उपयोग उसी दर से नहीं बढ़ रहा है। इसे समझना चाहिए। क्योंकि अर्थशास्त्र हमें जीवाश्म ईंधन के दोहन को कम करने की अनुमति नहीं देता है क्योंकि ये आर्थिक रूप से फायदेमंद हैं और ऊर्जा के नवीकरणीय स्रोतों की ओर बढ़ने में बाधा डालते हैं, जो कम लाभदायक हैं, हमें प्राप्त होने वाले सरल तर्क को पहचानने की तत्काल आवश्यकता है, लेकिन हम जो देते हैं वह है बहुत साल पहले प्रसिद्ध अंग्रेजी कवि कोलरिज द्वारा सुनाई गई थी। अब हमें इस पर विचार करना चाहिए क्योंकि यह प्रकृति की रॉयल्टी से संबंधित है।

प्रकृति की रॉयल्टी का तात्पर्य है कि यदि हम संसाधनों का दोहन करते हैं, तो हमें यह मानना चाहिए कि ये संसाधन पूरी दुनिया के हैं, न कि केवल उस विशेष देश के लिए, और पूरी धरती पर पृथ्वीवासियों के लिए, क्योंकि इसे प्रकृति का कॉपीराइट माना जाना चाहिए। इन संसाधनों का दोहन करने के लिए प्रकृति को रॉयल्टी देनी चाहिए। अब प्रश्न यह उठता है कि ग्लोबल वार्मिंग के संदर्भ में प्रकृति की रॉयल्टी का निर्धारण कैसे किया जाए?

प्रकृति की रॉयल्टी निर्धारित करने का एक सीधा तरीका है। हम इसे एक उदाहरण से समझ सकते हैं कि हम जीवाश्म ईंधन जैसे प्राकृतिक संसाधनों का दोहन कम या बंद करना चाहते हैं, जो अल्पावधि में ऊर्जा के गैर-नवीकरणीय स्रोत हैं और ग्लोबल वार्मिंग के लिए जिम्मेदार हैं। और हरित ऊर्जा संसाधनों जैसे सूर्य के प्रकाश और पवन ऊर्जा की ओर रुख करना चाहते हैं। इस रिप्लेसमेंट कॉस्ट से नेचर की रॉयल्टी तय की जाएगी। ऐसे संसाधनों का उपयोग बढ़ाया जाना चाहिए जो प्रकृति के अनुकूल हों और प्रतिकूल संसाधनों को कम किया जाना चाहिए। यह प्रतिस्थापन लागत प्रकृति की रॉयल्टी है। यह लागत एक देश से दूसरे देश में भिन्न हो सकती है। (irena.org)

ग्लोबल वार्मिंग हमारे लिए उपलब्ध अक्षय ऊर्जा स्रोतों के बजाय पृथ्वी के गर्भ के अंदर जीवाश्म ईंधन के उपयोग का परिणाम है। हम प्रकृति के माध्यम से इसका उपयोग नहीं कर रहे हैं, अर्थात हमारे कार्य प्राकृतिक नहीं बल्कि अप्राकृतिक हैं, और इसकी जननी अर्थव्यवस्था

है; इसलिए, इस प्रणाली को बदलना होगा, और प्रकृति की रॉयल्टी को आसानी से तय किया जा सकता है यदि हम मानते हैं कि जीवाश्म ईंधन का उपयोग कम किया जाना चाहिए और ऊर्जा के हरित स्रोत के साथ प्रतिस्थापित किया जाना चाहिए। समानता प्राप्त करने के लिए यह सुनिश्चित करना आवश्यक है कि नवीकरणीय ऊर्जा स्रोतों का उपयोग आर्थिक रूप से उतना ही लाभकारी है जितना कि जीवाश्म ईंधन का उपयोग; दूसरे शब्दों में, प्रकृति को उचित हिस्सा दिया जाना चाहिए, जो जीवाश्म ईंधन और हरित नवीकरणीय ऊर्जा स्रोतों की उत्पादन लागत (एलसीओई) के बराबर हो सके। क्योंकि कोयला, गैस और तेल जैसे जीवाश्म ईंधन जो आने वाले 50 से 100 वर्षों में समाप्त हो जाएंगे लेकिन फिर भी डेटा शो और सौर ऊर्जा और पवन ऊर्जा के रूप में इसका दोहन जारी है जो असीमित मात्रा में उपलब्ध हैं लेकिन उनकी उत्पादन लागत अधिक है। चूंकि उनका उत्पादन उतना नहीं बढ़ रहा है, इसलिए यह पता लगाना बहुत जरूरी हो जाता है कि ऐसा क्यों हो रहा है। इस तथ्य को जानने के बावजूद कि कुछ वर्षों में ऊर्जा का गैर-नवीकरणीय स्रोत समाप्त हो जाएगा। जीवाश्म ईंधन का उत्पादन बंद कर दिया जाना चाहिए और इसके बजाय ऊर्जा के नवीकरणीय स्रोतों और ऊर्जा के अनंत स्रोतों का ध्यान रखा जाना चाहिए। इसके माध्यम से ऊर्जा की आवश्यकता को पूरा किया जाना चाहिए और सभी के लिए सुलभ होना चाहिए। यह तब तक संभव नहीं है जब तक कि प्रकृति की रॉयल्टी तय न हो, प्रकृति की रॉयल्टी वह लागत है जिसके द्वारा हम जीवाश्म ईंधन के उत्पादन को नियंत्रित कर सकते हैं और हरित संसाधनों के उपयोग की ओर बढ़ सकते हैं, उसी समय की मांग पर प्रकृति को रॉयल्टी का भुगतान कर सकते हैं। क्योंकि यह जीवाश्म ईंधन के उत्पादन को नियंत्रित कर सकता है और इस प्रकार खपत पैटर्न में बदलाव संभव होगा, और निश्चित रूप से ऊर्जा के हरित स्रोत की मांग में वृद्धि होगी।

इसलिए समय उन्नत प्रौद्योगिकी और अनुसंधान एवं विकास के साथ अक्षय ऊर्जा स्रोतों में दुनिया भर में बहुत भारी निवेश की मांग करता है। और यह जानकारी सभी देशों के साथ साझा की जानी चाहिए। विश्व स्तर पर वैश्विक मुद्दों को हल करने का यही एक मात्र तरीका हैं।

- **उपभोक्ता व्यवहार में प्रतिमान बदलाव**

अर्थशास्त्री अभिजीत बनर्जी और एस्थर डुफ्लो ने अपनी पुस्तक गुड इकोनॉमिक्स फॉर हार्ड टाइम्स में तर्क दिया है कि उपभोक्ता की आदतें ऊर्जा के उपयोग को प्रभावित करती हैं। जीवाश्म ईंधन के विकल्प के रूप में, ऊर्जा खपत के अन्य रूप मौजूद हैं, जैसे सौर और पवन ऊर्जा। उनके अनुसार, इस प्रकार के परिवर्तन अत्यंत महंगे होते हैं, लेकिन एक बार उन्हें बदल देने के बाद, वे अच्छे उपयोग में आ जाते हैं। हम कितनी ऊर्जा का उपयोग करते हैं, इस बारे में आज हम जो चुनाव करते हैं, वह कल हमारे विकल्पों को प्रभावित करेगा। इसके अतिरिक्त, वे एक उदाहरण प्रदान करते हैं- परिवारों के एक अध्ययन में पाया गया कि जब यह बताया गया कि उन्होंने अपने पड़ोसियों की तुलना में कितनी अधिक ऊर्जा की खपत की, तो घरों ने भी अपनी ऊर्जा खपत को कम कर दिया। निष्कर्ष निकालने के लिए, यह दर्शाता है कि आदतों में बदलाव की आशा है। यदि उपभोक्ताओं की ऊर्जा का उपयोग आदत है, तो सरकारी हस्तक्षेप (कराधान) धीरे-धीरे इस आदत में सुधार कर सकता है, जो अल्पावधि में खपत को बदल देगा और लंबे समय में सकारात्मक परिणाम देगा। अर्थशास्त्रियों की राय में हमारी प्राथमिकताएं हमारी आदतों से निर्धारित होती हैं। बचपन में बनने वाली उपभोग की आदतें इस देश में वयस्कता में चलती हैं, क्योंकि समय और पर्यावरण का प्रभाव हमेशा बदलता रहता है। हालांकि, अगर ग्राहक तर्कसंगत है तो आदतों को बदला जा सकता है। इस वजह से, यदि प्रकृति की रॉयल्टी तय की जाती है, तो हरित ऊर्जा के पक्ष में प्रतिमान बदलाव सुनिश्चित होगा।

- **प्रकृति की रॉयल्टी "क्यों? और कैसे?"**

सबसे प्रासंगिक मुद्दा यह है कि क्या प्रकृति को अपनी रॉयल्टी बनाए रखने की अनुमति दी जानी चाहिए और यदि हां, तो कैसे? प्रकृति की रॉयल्टी न देना अन्याय है; हम प्राप्त कर रहे हैं लेकिन दे नहीं रहे

हैं, और हम निस्संदेह खेल खो देंगे। दूसरा प्रश्न प्रकृति को रॉयल्टी कैसे प्रदान की जाए? का उत्तर, काफी महत्वपूर्ण है, वह यह है कि अब जबकि हमने इसका उत्तर दे दिया है, यह देखना आसान है कि क्यों? क्या यह विश्वास करना बेतुका नहीं है कि हम, ब्रह्मांड के एकमात्र निवासी होने के नाते, क्या प्रकृति के बिना भी मौजूद हो सकते हैं? नहीं, प्रकृति हमारे अस्तित्व के लिए आवश्यक है, इसके बिना हमारा अस्तित्व नहीं हो सकता। जब तक हमारे समाप्त हो चुके संसाधनों को फिर से भरने के लिए एक प्राकृतिक वातावरण नहीं होगा, हम जो कुछ भी उपयोग करते हैं वह सेकंडों में समाप्त हो जाएगा, जो पानी हम बर्बाद करते हैं, जो हवा हम प्रदूषित करते हैं और जिस मिट्टी को हम नष्ट करते हैं। सभी में प्रकृति का अमूल्य योगदान हैं , क्योंकि केवल प्रकृति अपने प्राकृतिक चक्र के माध्यम से हमारे द्वारा बर्बाद किए गए पानी को पुनर्चक्रित कर सकती है और नियमित आपूर्ति सुनिश्चित कर सकती है। यह मात्र एक उदाहरण है, सम्पूर्ण प्रकृति जिसमें प्रकृति के वे सभी संसाधन शामिल हैं जो आसानी से सभी के लिए उपलब्ध हैं। हालांकि इनको अंततः प्रकृति द्वारा लगातार पुनर्नवीनीकरण किया जाता हैं , अनवरत शोधन का एक मात्रा उद्देश्य संसाधनों की उपयोगिता एवं उपलब्धता को बढ़ाना है। अतः यह नितान्त आवश्यक है कि प्रकृति के साथ उचित व्यवहार किया जाए।

चूंकि प्रत्येक देश की अपनी मुद्रा होती है, इसलिए यह निर्धारित करने के लिए एक माध्यम होना जरूरी है कि दुनिया भर में व्यापार के माध्यम के रूप में कौन से रॉयल्टी भुगतान स्वीकार किए जाते हैं। इसका मतलब है कि रॉयल्टी भुगतान निर्धारित करने के लिए प्रत्येक देश की अपनी मुद्रा होनी चाहिए। चूंकि सरकारों के पास लोगों को सशक्त बनाने की क्षमता है, इसलिए एक हरे रंग की आभासी मुद्रा डिजिटल मुद्रा की आवश्यकता है जिसे पूरी दुनिया में स्वीकार किया जाए।

सबसे पहले, जिस तरह अगली जनगणना में प्रत्येक नागरिक से उनकी संपत्ति के बारे में पूछा जाएगा, हमें प्रत्येक व्यक्ति या परिवार, फर्मों, निजी और सरकारी आदि के स्वामित्व वाले हरित संसाधनों का

मूल्यांकन करना चाहिए। प्रत्येक व्यक्ति के लिए इस हरी मुद्रा के मूल्य की गणना करें। , परिवार, उद्यम, व्यवसाय, निजी और सरकारी आदि। इस आभासी हरी मुद्रा के लिए प्रोटोकॉल और एक बाजार तंत्र की स्थापना प्रक्रिया का दूसरा चरण होगा। पृथ्वी के आभासी हरे मूल्य और समय के साथ इसके विकास को ध्यान में रखते हुए, जब भी भूमि को नए उपयोग के लिए परिवर्तित किया जाता है, तो जमींदार को मुआवजे के रूप में एक आभासी हरा सिक्का प्राप्त होता है। इस बीच, प्रकृति को ग्रह के आभासी हरे मूल्य के आधार पर आभासी हरी मुद्रा के रूप में एक इनाम भी मिलता है, जैसा कि पहले बताया गया है। यह एक उदाहरण है कि प्रत्येक क्षेत्र में क्या करने की आवश्यकता है, लेकिन यह अलग नहीं है। तकनीकी विकास के कारण पिछले कुछ दशकों में संबंध निर्माण और उपभोग की आदतों में नाटकीय रूप से बदलाव आया है। यह सुनिश्चित करते हुए विकास को बढ़ावा देना संभव है कि यह पर्यावरण को नुकसान न पहुंचाए।

- **वैश्विक मुद्दों के समाधान के रूप में प्रकृति की रॉयल्टी समता**

हमारा मानना है कि प्रकृति को मनुष्यों के साथ समान रूप से मुआवजा दिया जाना चाहिए, और इस मुआवजे की गणना इस तरह से की जानी चाहिए कि प्रकृति का योगदान प्रक्रिया से सुरक्षित और अप्रभावित रहे। आर्थिक सिद्धांतों के कारण, हम अनुमान लगा सकते हैं कि यह प्रकृति के अच्छे संसाधनों का जल्द से जल्द उपयोग करना चाहता है, लेकिन हानिकारक उपोत्पादों का उपयोग करने में कोई दिलचस्पी नहीं है। जो लोग प्रकृति को विकृत कर रहे हैं उन्हें क्षतिपूर्ति करनी चाहिए, और यह ब्लॉकचैन पर बने वर्चुअल ग्रीन करेंसी खाते के माध्यम से किया जाना चाहिए। इस आभासी हरी मुद्रा खाते को बाहरी गतिविधियों में संलग्न होने से जुड़ी लागतों को भी कवर करना होगा। उदाहरण के लिए, यदि हम एक बांध बनाना चाहते हैं, तो हम प्रकृति के नियमों के खिलाफ पानी बांध रहे हैं, और हम कानून के उल्लंघन में ऐसा कर रहे हैं। वनभूमि का यह भूखंड आगे की खोज के लिए एक प्रारंभिक

बिंदु के रूप में कार्य करता है। आपदा की गंभीरता के आधार पर प्रभावित भूमि जनसंख्या आधारित हो भी सकती है और नहीं भी। हालांकि, जबकि आबादी और पशुधन को किसी अन्य स्थान पर स्थानांतरित करना संभव है, यदि आवश्यक हो, तो पर्यावरणीय क्षति की मरम्मत वर्तमान आभासी हरी मुद्रा मूल्य के आधार पर की जानी चाहिए ताकि और गिरावट को रोका जा सके। सरकारों और व्यवसायों को समान रूप से इक्विटी के स्वस्थ स्तर को बनाए रखने के लिए मजबूर किया जाएगा। ग्रह पर हरियाली की कुल मात्रा अपरिवर्तित रहेगी।

वर्तमान में, पूरी दुनिया दो गंभीर समस्याओं से जूझ रही है एक गरीबी और दूसरी असमानता, क्योंकि सभी अर्थव्यवस्थाओं ने एक ही शुरुआती बिंदु से विकास यात्रा शुरू नहीं की है। एक अलग समय के पैमाने के साथ दौड़ शुरू करने से, हमारे समान होने की इच्छा तब तक पूरी नहीं होती, जब तक कि ठीक से मुआवजा नहीं दिया जाता। इन दोनों समस्याओं के साथ एक और समस्या है जो वर्तमान में हमें परेशान कर रही है, जो वास्तविक अर्थों में वैश्विक है, ग्लोबल वार्मिंग की समस्या है। इस समस्या ने सभी अर्थव्यवस्थाओं को अधिक ध्यान देने के लिए प्रेरित किया है। विकास धीमा होना चाहिए और कहीं न कहीं हम पर्यावरण के संरक्षण के लिए ट्रेडऑफ़ पर आते हैं।

आज, यह महत्वपूर्ण है कि हम इन दो प्रमुख चुनौतियों का इस तरह से समाधान करें जिससे पर्यावरण की रक्षा हो और साथ ही दीर्घकालिक विकास भी सुनिश्चित हो। यह याद रखना महत्वपूर्ण है कि प्रौद्योगिकी ही एकमात्र साधन है जिसके द्वारा दोनों मुद्दों का समाधान किया जा सकता है। वैश्विक संस्थानों के माध्यम से अर्थव्यवस्थाओं के ढांचागत विकास पर विशेष जोर दिया जाता है। अवसंरचनात्मक विकास भी दो प्रकार का होता है, एक मूर्त और दूसरा अमूर्त। मूर्त बुनियादी ढांचे के विकास पर जो कि। परिवहन के साधनों, बिजली, पानी और बुनियादी सेवाओं जैसे स्वास्थ्य और शिक्षा ने पिछले कुछ दशकों में अच्छी प्रगति की है, लेकिन अमूर्त ढांचागत विकास जिसमें डिजिटल बुनियादी ढांचा और पर्यावरणीय बुनियादी ढांचा शामिल है। अर्थव्यवस्थाओं ने डिजिटल बुनियादी ढांचे में सुधार के लिए बहुत काम किया है, और

डिजिटल विभाजन को भरने के लिए बहुत कुछ करने की जरूरत है, लेकिन पर्यावरण के बुनियादी ढांचे के सुधारों पर अपेक्षित प्रगति को ठीक से संबोधित नहीं किया गया है।

डिजिटल इंफ्रास्ट्रक्चर और गरीबी-

डिजिटल इंफ्रास्ट्रक्चर एक ऐसा इंफ्रास्ट्रक्चर है जो तकनीक के जरिए डिजिटल स्क्रीन पर हर तरह की जानकारी उपलब्ध करा रहा है, लेकिन आज भी डिजिटल डिवाइड बना हुआ है।

जिससे दुनिया लगातार दो हिस्सों में बंट रही है।

हव्वा-वे हैं जिन्हें तकनीकी ज्ञान और इंटरनेट की उपलब्धता है

हैव नहीं - वे हैं जिनके पास तकनीक का ज्ञान नहीं है और उनके पास इंटरनेट की उपलब्धता भी नहीं है

संचार क्रांति के माध्यम से जहां एक ओर पूरी दुनिया एक छोटे से बाजार में तब्दील हो रही है, वहीं कुछ लोग तकनीकी ज्ञान के अभाव में अभी भी पीछे छूट रहे हैं।

सूचना क्रांति ने दुनिया के सभी उपभोक्ताओं को राजा की तरह व्यवहार करने का अवसर प्रदान किया है क्योंकि सभी प्रकार की जानकारी सभी के लिए उपलब्ध है लेकिन जो तकनीकी अनुकूल नहीं हैं वे इस लाभ से चूक रहे हैं।

विकसित देश तकनीकी प्रगति और सूचना क्रांति के कारण अधिक तेजी से विकास कर रहे हैं, जबकि अविकसित देश इस दौड़ में पीछे छूट रहे हैं।

दुनिया भर में इंटरनेट उपयोगकर्ता

वर्ष 2005 2019

विकासशील राष्ट्र 8% 47%

विकसित राष्ट्र 51% 86.6%

स्रोत: - अंतर्राष्ट्रीय दूरसंचार संघ ITU

विकास के बदलते मापदंडों में हमने शिक्षा, अनुसंधान एवं विकास, स्वास्थ्य, बैंकिंग और वित्त क्षेत्रों को महत्व दिया है। जो पूरी तरह से तकनीकी प्रगति, ज्ञान और उसके उपयोग पर निर्भर हैं। सरकार को अंतिम व्यक्ति को उच्च गुणवत्ता वाली सेवाएं और सुविधाएं प्रदान करने में लंबा समय लगता है। सबसे अधिक गरीबी कृषि और संबद्ध क्षेत्र

में काम करने वाले श्रमिकों में पाई जाती है, जिसमें सूचना क्रांति के माध्यम से परिवर्तन लाया जा सकता है। पिछले 50 वर्षों से वैश्विक मंच पर गरीबी और भूख से निपटने के तरीके तलाशे जा रहे हैं, जिसमें आज तकनीक अहम भूमिका निभा रही है, जिसे हम इन उदाहरणों से समझ सकते हैं।

शिक्षा-निम्नतम स्तर तक शिक्षा की पहुंच सुनिश्चित करने की तकनीक-यूट्यूब, विभिन्न शैक्षिक मंच आदि बहुत कम लागत पर, सुदूर क्षेत्रों में, वे छोटे-छोटे गांवों में उच्च गुणवत्ता और कौशल शिक्षा की उपलब्धता सुनिश्चित कर रहे हैं, ताकि पिछड़ा वर्ग गुणवत्तापूर्ण शिक्षा भी प्राप्त करें। लेने में सक्षम

स्वास्थ्य प्रौद्योगिकी की मदद से, विभिन्न मेडिकेयर ऐप दूरस्थ क्षेत्रों में स्वास्थ्य सुविधाएं सुनिश्चित करने में सक्षम हैं, यहां तक कि रोबोट के उपयोग से भी दूर से उपचार और निदान प्राप्त करना संभव है।

ऊर्जा के नवीकरणीय संसाधनों की जानकारी सभी तक तेजी से पहुंच रही है ताकि हम लोगों तक सौर और पवन ऊर्जा का प्रसार कर पर्यावरण संरक्षण को गति दे सकें, साथ ही सभी के लिए किफायती ऊर्जा के स्रोत विकसित कर सकें।

कृषि क्षेत्र - मौसम विज्ञान विभाग किसानों को तकनीक के माध्यम से ही मदद कर पाता है, कृषि क्षेत्र से जुड़े ज्यादातर लोग गरीब हैं, ऐसे में इस पूर्वानुमान मॉडल को प्रौद्योगिकी के माध्यम से अपनाकर, मौसम के आंकड़े, उत्पादन, उत्पादकता प्रदान करके कृषि क्षेत्र को बढ़ाया जा सकता है। इसे बढ़ाना संभव हो सकता है और साथ ही एक पारदर्शी तंत्र भी किया जा सकता है जिसके माध्यम से किसान मांग की जानकारी के आधार पर अपनी उपज को बाजार में अच्छी कीमत पर आसानी से बेच सकें।

प्रौद्योगिकी के माध्यम से सरकारी योजनाओं के सफल कार्यान्वयन में भी सुधार किया जा सकता है, डिजिटल भुगतान और प्रत्यक्ष नकद हस्तांतरण गरीबी को दूर करने का एक बड़ा हथियार है, जो भारत में लोक कल्याणकारी योजनाओं के माध्यम से समाज के सबसे गरीब वर्ग अकुशल श्रमिकों पर सीधे हमला करता है। और छोटे किसानों के खातों

में जैम ट्रिनिटी के एक क्लिक से महामारी के दौरान भी पारदर्शी तरीके से इन वर्गों के खातों में करोड़ों रुपये आसानी से ट्रांसफर हो गए हैं, जो कि कोविड काल में गरीबों के लिए मददगार रहा है, भारत में ऐसा डिजिटल उपलब्ध है, यह केवल इंफ्रा के कारण संभव हुआ है, इसी तरह महामारी के कारण शिक्षण संस्थानों के बंद होने से ऑनलाइन कक्षाओं और डिजिटल प्लेटफॉर्म पर शिक्षा प्रणाली संतोषजनक रही है।

हम सभी ने इस महामारी के दौरान आईटी सेक्टर का लोहा माना है, जिसने बाजार को शिक्षा, स्वास्थ्य, बैंकिंग, वित्त में मंदी से बचाया है और निम्नतम स्तर तक सुविधाएं प्रदान करने में महत्वपूर्ण भूमिका निभाई है।

इस प्रकार, डिजिटल मुद्रा (हरा) गरीबी उन्मूलन में महत्वपूर्ण भूमिका निभाती है।

पर्यावरण अवसंरचना और असमानता-

जैसा कि ऊपर कहा गया है कि पर्यावरणीय बुनियादी ढांचे के दो भाग हैं एक मूर्त है और दूसरा एक अमूर्त है। मूर्त एक को पहले से ही अधिकांश अर्थव्यवस्थाओं द्वारा संबोधित किया गया है, लेकिन पर्यावरण के बुनियादी ढांचे का अमूर्त हिस्सा अभी भी गुप्त है। पर्यावरणीय बुनियादी ढांचे के इस गैर-मूर्त भाग में शामिल हैं-

(1) हरित मुद्रा का निर्माण

(2) ग्रीन एसेट्स का मूल्यांकन

(3) व्यक्तियों, फर्मों और सरकार के हरित खातों का रखरखाव

पर्यावरण के बुनियादी ढांचे का अमूर्त हिस्सा यह है कि वैश्विक स्तर पर इस तरह के वैकल्पिक बुनियादी ढांचे का निर्माण किया जाना चाहिए ताकि वैश्विक स्तर पर पर्यावरण के वर्तमान स्तर को बनाए रखते हुए भविष्य में इसे और बेहतर बनाया जा सके। यह ग्लोबल वार्मिंग को संबोधित करता है। यह ऐसा मंच प्रदान करता है कि पर्यावरण सतत विकास की राह में बाधक न बने बल्कि चालक बने। ब्रैंको और मिलानोविक ने अपनी पुस्तक 'हैव्स एंड द हैव्स नॉट' में तीन प्रकार की असमानता की व्याख्या की है- एक राष्ट्र के भीतर व्यक्तियों के बीच असमानता, राष्ट्रों के बीच असमानता, और तीसरा उपरोक्त दो का योग

है, यानी वैश्विक असमानता।

पर्यावरणीय बुनियादी ढांचे का विकास मूल रूप से राष्ट्रों और व्यक्तियों के बीच वैश्विक असमानता पर प्रहार करता है और इसे पर्यावरण के रखरखाव के साथ जोड़कर इसे कम करने का एक साधन साबित होता है। यह एक वैश्विक समस्या का वैश्विक समाधान प्रदान करता है। प्रकृति को रॉयल्टी प्रदान करना।

ग्रीन मनी क्या है और इससे पर्यावरण की रक्षा कैसे की जा सकती है? हरी मुद्रा एक आभासी हरी मुद्रा है जो ब्लॉकचेन तकनीक पर आधारित है, जैसा कि हम सभी जानते हैं कि वर्ष 2021 की जनगणना अभी बाकी है, इसलिए हमारे पास पर्यावरण के अमूर्त बुनियादी ढांचे के निर्माण के लिए पर्याप्त समय है, प्रत्येक देश वर्ष में 2021 की जनगणना, राज्य, गांव और शहर में रहने वाले व्यक्ति / परिवार द्वारा आयोजित ग्रीन एसेट को गिना जाना चाहिए क्योंकि यह भी एक संपत्ति है क्योंकि जनगणना प्रत्येक व्यक्ति और परिवार की संपत्ति की गणना उसी तरह से करती है जैसे ग्रीन संपत्ति की भी गणना की जानी चाहिए और एक मीट्रिक निर्धारित किया जाना चाहिए और उसके आधार पर प्रत्येक व्यक्तिगत फर्म और सरकार द्वारा आयोजित हरित संपत्ति का मूल्य निर्धारित किया जाना चाहिए।

हरित संपत्ति की इकाई TREE हो सकती है। इस मूल्य निर्धारण का पैमाना भी निर्धारित किया जा सकता है जो हरित आच्छादित भूमि, पेड़ की आयु, उसकी लंबाई, उसके द्वारा कवर किए गए क्षेत्र आदि जैसे मापदंडों के आधार पर निर्धारित किया जा सकता है। एक बार हरित संपत्ति की गणना करने के बाद, यह डेटा हो सकता है ब्लॉकचेन तकनीक के आधार पर पूरी दुनिया में सार्वजनिक किया गया।

यदि यह मान लिया जाए कि विकास केवल पर्यावरण के दोहन से ही प्राप्त किया जा सकता है, तो हम पाते हैं कि आर्थिक समृद्धि और पर्यावरणीय समृद्धि के साथ-साथ आर्थिक असमानता और पर्यावरणीय असमानता के बीच भी तालमेल है।

विकसित देशों ने आर्थिक समृद्धि प्राप्त की है, यह समृद्धि पर्यावरण का दोहन करके प्राप्त की है या वे देश जो अधिक संसाधनों का उपयोग

कर रहे हैं, वे पर्यावरण को अधिक नुकसान पहुंचा रहे हैं, यही बात व्यक्तियों / परिवारों के बीच असमानता पर लागू होती है क्योंकि अमीर परिवार खत्म हो गए हैं- संसाधनों का उपयोग करना।

एक बार जब हरित संपत्ति को डिजिटल मुद्रा के रूप में गिना और पहचाना जाता है, तो वैश्विक असमानता को आसानी से संबोधित किया जा सकता है क्योंकि यह वैश्विक स्तर पर अब तक के प्रयासों के बीच ऊपर वर्णित समस्या की जड़ पर प्रहार करता है। हम सभी कार्बन क्रेडिट बाजार की स्थापना और विफलता से परिचित हैं, इस संदर्भ में हरित मुद्रा के माध्यम से एक प्रणालीगत अमूर्त पर्यावरणीय बुनियादी ढांचे का निर्माण किया जा सकता है।

यह सर्वविदित है कि किसी भी समस्या को हल करने के लिए व्यक्ति, परिवार, फर्म और सरकार को प्रेरित करने में धन ने महत्वपूर्ण भूमिका निभाई है। इसी तरह ग्रीन मनी भी इस वैश्विक समस्या का समाधान प्रदान कर सकती है।

आइए अब समझते हैं कि हरित धन कैसे काम करता है और यह असमानता पर कैसे हमला करता है। इस बात का आभास हुआ है कि विकास पर्यावरण को नुकसान पहुंचा रहा है, अब कहीं न कहीं सतत विकास की बात हो रही है।

मुआवजे के सिद्धांत में यह माना जाता है कि नुकसान किसी व्यक्ति या फर्म को हुआ है, जिसके आधार पर व्यक्ति या फर्म को मुआवजा दिया जाता है, लेकिन पर्यावरण की अनदेखी की जाती है, यहां यह नहीं कहा जाता है कि पर्यावरण को नुकसान हुआ है। नुकसान क्या है? और आने वाली पीढ़ियों पर इसका क्या प्रभाव पड़ेगा? और पर्यावरण की भरपाई कौन करेगा? जबकि ग्रीन करेंसी से यह संभव है।

वर्तमान में, जब भी विकास होता है, इस विकास के बदले पर्यावरण संतुलन के लिए किसी भी प्रकार का कोई मौद्रिक आदान-प्रदान नहीं होता है, चाहे वह राजमार्गों का निर्माण, बांधों का निर्माण, या शहरों का विस्तार जैसे मूर्त ढांचागत विकास हो। हरित भूमि की कीमत पर ही विकास किया जा रहा है, लेकिन आश्चर्यजनक रूप से इस हरी-भरी भूमि को पुनः प्राप्त नहीं किया जा सकता क्योंकि भूमि एक दुर्लभ संसाधन

है और विकास के लिए काटे गए पुराने पेड़ों को किसी भी तरह से पुनः प्राप्त नहीं किया जा सकता है। नए पेड़ लगाकर भी नुकसान की भरपाई नहीं की जा सकती है, इसलिए यह बहुत जरूरी हो जाता है कि हरित मुद्रा से इसकी भरपाई कर समता स्थापित की जाए, तभी पर्यावरण की रक्षा की जा सकती है। साथ ही पर्यावरण संरक्षण पर काम करने वाली संस्थाएं भी। कार्य करने के लिए प्रेरित किया जा सकता है क्योंकि अब इसे आभासी मौद्रिक मूल्य से जोड़ दिया गया है।

इसे हम एक फर्म और सरकार द्वारा विकास कार्य के उदाहरण से समझ सकते हैं, जब भी कोई फर्म उत्पादन करती है, तो वह उप-उत्पाद के रूप में प्रदूषण पैदा करती है या यह प्राकृतिक संसाधनों, खनिजों को प्राथमिक इनपुट के रूप में उपयोग करती है। यह सरकार द्वारा संतुलित है, सरकार खनन पट्टे लेती है, सरकार प्रदूषण कर लगाती है या किसी अन्य माध्यम से समाज को मुआवजा देती है, लेकिन सरकार को पर्यावरण पर कोई फर्क नहीं पड़ता है। चूंकि सरकार द्वारा सालाना कोई अलग पर्यावरण बजट जारी नहीं किया जाता है। समाज इस बात से अनजान है कि सरकार पर्यावरणीय क्षति को फिर से स्थापित करने के लिए क्या कर रही है।

इसी तरह जब सरकार राजमार्ग निर्माण, बांध निर्माण और शहरों के विस्तार जैसे विकास कार्य भी करती है, तब भी पर्यावरण की भरपाई नहीं होती है। जहां जिस व्यक्ति की भूमि विकास कार्य के लिए सरकार द्वारा अधिगृहीत की जाती है, उस व्यक्ति को उस भूमि का बाजार मूल्य/प्रशासित मूल्य मिलेगा, लेकिन पर्यावरण को होने वाले नुकसान और इसे फिर से कैसे स्थापित किया जाएगा, इस बारे में कोई बात नहीं करता। इसलिए पर्यावरण को संरक्षित नहीं किया जा सकता है।

अब हम समझते हैं कि हरी मुद्रा असमानता को कैसे दूर कर सकती है क्योंकि हमने देखा है कि उन देशों को कोई मुआवजा नहीं दिया गया है जो विकसित नहीं हुए हैं जबकि अविकसित देशों को विकसित देशों द्वारा मुआवजा दिया जाना चाहिए था। देशों का विकास बहुत लंबे समय तक सतत विकास की समस्या से ग्रस्त नहीं रहा क्योंकि अविकसित देश विकास की दौड़ में शामिल नहीं हुए और अगर इसकी भरपाई की

जाए तो असमानता की कोई समस्या नहीं होगी, इसे हम उदाहरण से समझ सकते हैं नीचे।

जब सरकार हाईवे बनाती है तो उसकी लागत में हरी-भरी जमीन का नुकसान नहीं जोड़ती, किसान को उसकी जमीन की कीमत के बराबर मुआवजा दिया जाता है, लेकिन पर्यावरण को हुए नुकसान की भरपाई नहीं होती, यानी दिखाई नहीं देता सरकार के खाते में। ग्रीन करेंसी को सरकारी खाते से डेबिट किया जाना चाहिए था, पर्यावरण खाते में जमा किया जाना चाहिए था।

यानी सरकार जब भी कोई हाईवे बनाती है या कोई अन्य निर्माण करती है तो वह तभी कर सकती है जब उसके खाते में पर्याप्त ग्रीन मनी हो या उसे यह करेंसी किसी अन्य व्यक्ति या फर्म से मौजूदा लागत के बराबर कीमत पर खरीदना पड़े। मुद्रा की ताकि पर्यावरण की रक्षा की जा सके। इसी तरह आयातक देशों को आयात किए जाने वाले उत्पादों और सेवाओं की हरित लागत का अतिरिक्त भुगतान करना चाहिए। जब एक राष्ट्रव्यापी हरित खाता बनाए रखा जाएगा तो कुछ देश हरे धनी होंगे और कुछ अन्य हरे गरीब होंगे। उत्पाद और सेवा की हरित लागत को जोड़कर अंततः आर्थिक रूप से गरीब देशों को बेहतर बना दिया जाएगा। इस तरह से हरित मुद्रा की शुरूआत से वैश्विक असमानता की समस्या का समाधान होगा।

इस प्रकार हरित मुद्रा की शुरूआत के माध्यम से डिजिटल और पर्यावरणीय बुनियादी ढांचे को मजबूत करके हम वैश्विक स्तर पर गरीबी और असमानता की समस्या को हल कर सकते हैं।

6

वैज्ञानिक प्रकृति- मानव नेटवर्क स्थापित करने में आर्टिफिशियल इंटेलिजेंस की भूमिका

इकीसवीं शताब्दी के अंदर बहुत सारी टेक्नोलॉजीज का उपयोग मानव जाति व प्रकृति के लिए किया जा रहा है हम आपको बता दें कि टेक्नोलॉजी के माध्यम से काफी चीजों में बदलाव लाया जा सकता है उनमें आर्टिफिशियल इंटेलिजेंस क्लाउड कंप्यूटिंग इंटरनेट ऑफ थिंग्स और भी कई सारी टेक्नोलॉजी की उपयोगिता है! हम इस अध्याय के अंदर आपको आर्टिफिशियल इंटेलिजेंस का उपयोग प्रकृति के साथ प्रकृति-मानव नेटवर्क स्थापित कार्यों में कैसे किया जा सकता है एक और हरित (ग्रीन) क्रांति लाई जा सकती है!

आर्टिफिशियल इंटेलिजेंस जो कि 'एआई' के नाम से प्रचलित है प्रकृति के अंदर अपना एक महत्वपूर्ण योगदान कर रही है! इस अध्याय

में यह बताया गया है कि किस तरह यह टेक्नोलॉजी अपना कर नेचर के साथ अपना रिलेशंस बना रही है और उसे कैसे सुदृढ़ किया जाए जो कि प्रकृति मानव प्रजाति के लिए बहुत महत्वपूर्ण है! आर्टिफिशियल इंटेलिजेंस प्रकृति के अंदर अहम योगदान दे रहा है। इस अध्याय में बताया गया है कि इस तकनीक को अपनाकर मनुष्य प्रकृति के साथ अपना संबंध बना सकता है, जो मानव जाति के लिए बहुत महत्वपूर्ण है। अगर हम किसी एक ऐसी तकनीक का नाम बताये जिसने 21वीं सदी में पूरी तरह से क्रांति ला दी, तो वह होगी आर्टिफिशियल इंटेलिजेंस। एआई हमारे दैनिक जीवन का हिस्सा बन गई है और इसलिए हमें लगता है कि यह महत्वपूर्ण है कि हम आर्टिफिशियल इंटेलिजेंस की विभिन्न अवधारणाओं को समझें। यह अध्याय एआई, इसके प्रकार और वैज्ञानिक प्रकृति-मानव नेटवर्क की स्थापना में आर्टिफिशियल इंटेलिजेंस की भूमिका के बारे में बताता है।यह टेक्नोलॉजी प्रकृति के अंदर अपना महत्वपूर्ण योगदान निभा रही है!

आर्टिफिशियल इंटेलिजेंस क्या है?

आर्टिफिशियल इंटेलिजेंस शब्द को जॉन मैकार्थी ने 1956 में परिभाषित किया गया था। उन्होंने एआई को इस प्रकार परिभाषित किया: "बुद्धिमान मशीन बनाने का वैज्ञानिक और इंजीनियरिंग तरीका"

आर्टिफिशियल इंटेलिजेंस को सूचना प्रौद्योगिकी के विकास के रूप में भी परिभाषित किया जा सकता है जो ऐसे कार्यों को करने में सक्षम हैं जिनके लिए मानव बुद्धि की आवश्यकता होती है, जैसे निर्णय लेना, वस्तु का पता लगाना, जटिल समस्याओं को हल करना आदि।

एआई. के प्रकार

विभिन्न कार्यों की क्षमताओं के आधार पर, एआई को निम्नलिखित प्रकारों में वर्गीकृत किया जा सकता है:

प्रतिक्रियाशील मशीनें, सीमित मेमोरी, मन का सिद्धांत और आत्म-जागरूकता।

1. प्रतिक्रियाशील मशीनें एआई

2. सीमित मेमोरी एआई

3. मन का सिद्धांत (थ्योरी ऑफ़ माइंड) एआई

4. आत्म-जागरूकता एआई

1. प्रतिक्रियाशील मशीन एआई - एआई सिस्टम के सबसे बुनियादी प्रकार विशुद्ध रूप से प्रतिक्रियाशील होते हैं, और इनमें न तो यादें बनाने की क्षमता होती है और न ही वर्तमान निर्णयों को सूचित करने के लिए पिछले अनुभवों का उपयोग करने की क्षमता होती है। यह किसी भी एआई के लिए पहला चरण है।

प्रतिक्रियाशील मशीनें बुनियादी संचालन करती हैं। यह स्तर ए.आई. सबसे सरल है। यह एआई का प्रकार कुछ आउटपुट के साथ कुछ इनपुट पर प्रतिक्रिया करते हैं। इनमें कोई सीख नहीं होती है। इस प्रकार के ए.आई में ऐसी मशीनें शामिल हैं जो केवल वर्तमान स्थिति को ध्यान में रखते हुए वर्तमान डेटा के आधार पर काम करती हैं। वे पूर्व-निर्धारित कार्यों की एक सीमित सीमा को पूरा कर सकते हैं।

एक मशीन लर्निंग जो एक मानवीय चेहरे को इनपुट के रूप में लेती है और चेहरे के चारों ओर एक बॉक्स को चेहरे के रूप में पहचानने के लिए आउटपुट करती है, एक सरल, प्रतिक्रियाशील मशीन है। इस एआई प्रणाली में मॉडल कोई इनपुट संग्रहीत नहीं करता है, यह कोई सीख नहीं करता है।

इस प्रकार के एआई सिस्टम का आर्किटेक्चर बहुत सरल होता है!

2. सीमित मेमोरी एआई

सीमित मेमोरी प्रकार पिछले डेटा और भविष्यवाणियों को संग्रहीत करने की एआई की क्षमता को संदर्भित करता है, उस संग्रह डेटा का उपयोग बेहतर भविष्यवाणियां करने के लिए करता है। सीमित मेमोरी के साथ, एआई आर्किटेक्चर थोड़ा और जटिल हो जाता है। प्रत्येक एआई मॉडल को बनाने के लिए सीमित मेमोरी की आवश्यकता होती है, लेकिन मॉडल को एक प्रतिक्रियाशील मशीन प्रकार के रूप में तैनात किया जा सकता है।

इस एआई के प्रकार में वे मशीनें हैं जो अतीत में देख सकती हैं। उदाहरण के लिए, सेल्फ-ड्राइविंग कारें , वे अन्य कारों की गति और दिशा का निरीक्षण करते हैं। यह केवल एक क्षण में नहीं किया जा सकता है,

बल्कि विशिष्ट वस्तुओं की पहचान करने और समय के साथ ऐसा संभव किया जा सकता है! इन अवलोकनों को सेल्फ-ड्राइविंग कारों के दुनिया के पूर्व-प्रोग्राम में जोड़ा जाता है, जिसमें लेन मार्किंग, ट्रैफिक लाइट और सड़क में वक्र जैसे अन्य महत्वपूर्ण उदाहरण भी शामिल हैं। उन्हें तब शामिल किया जाता है जब कार तय करती है कि लेन कब बदलनी है!

लेकिन अतीत के बारे में जानकारी के ये सरल अंश केवल क्षणिक हैं। वे कार के अनुभव के पुस्तकालय के हिस्से के रूप में सहेजे नहीं जाते हैं, जिससे यह सीख सकता है, जिस तरह से मानव चालक पहिया के पीछे वर्षों के अनुभव को संकलित करते हैं। तो हम एआई सिस्टम कैसे बना सकते हैं जो पूर्ण प्रतिनिधित्व का निर्माण करते हैं, उनके अनुभवों को याद करते हैं और सीखते हैं कि नई परिस्थितियों को कैसे संभालना है? ब्रूक्स इस मायने में सही थे कि ऐसा करना बहुत मुश्किल है, लेकिन नामुमकिन नहीं!

3. मन का सिद्धांत (थ्योरी ऑफ़ माइंड) एआई

इस प्रकार के एआई सिस्टम मनुष्यों के विचारों और भावनाओं के साथ बातचीत करना शुरू कर देता है।

वर्तमान में, एआई सिस्टम किसी कार्य को करने के लिए निर्देशित व्यक्ति के लिए बहुत कुछ करते हैं। वर्तमान मॉडलों का एआई के साथ एकतरफा संबंध है। एलेक्सा और सीरी हर कमांड को नमन करते हैं। यदि आप गुस्से में गूगल मैप्स पर चिल्लाते हैं कि आपको दूसरी दिशा मिल जाए, तो यह भावनात्मक समर्थन प्रदान नहीं करता है और कहता है, "यह सबसे तेज़ दिशा है। मैं किसे फोन करके सूचित कर सकता हूं कि आपको देर हो जाएगी?" इसके बजाय, गूगल मैप्स वही ट्रैफ़िक रिपोर्ट और सूचना लौटाता रहता है जो उसने पहले ही दिखाया था।

ए थ्योरी ऑफ माइंड ए.आई. एक बेहतर साथी होगा।

इस मुद्दे से निपटने वाले अध्ययन के क्षेत्रों में कृत्रिम भावनात्मक बुद्धिमत्ता और निर्णय लेने के सिद्धांत में विकास शामिल हैं। हम यहां कुछ समय के लिए रुक सकते हैं, और इस बिंदु को हमारे पास मौजूद मशीनों और भविष्य में बनने वाली एआई पर आधारित मशीनों के बीच महत्वपूर्ण विभाजन कह सकते हैं। हालांकि, मशीनों को बनाने के लिए

आवश्यक प्रतिनिधित्व के प्रकारों पर चर्चा करने के लिए और अधिक विशिष्ट होना बेहतर है! जिससे कि मानव जाति के कार्यों में परिवर्तन लाया जा सकता है!

अगले, अधिक उन्नत, वर्ग में मशीनें न केवल दुनिया के बारे में, बल्कि दुनिया के अन्य संस्थाओं के बारे में भी प्रतिनिधित्व करेगी। मनोविज्ञान में, इसे "मन का सिद्धांत" कहा जाता है - यह समझ कि दुनिया में लोगों, प्राणियों, प्रकृति और वस्तुओं में विचार और भावनाएं हो सकती हैं जो उनके अपने व्यवहार को प्रभावित करती हैं।

यह महत्वपूर्ण है कि हम मनुष्यों ने समाज कैसे बनाया, क्योंकि उन्होंने हमें सामाजिक संपर्क करने की अनुमति दी। एक-दूसरे के इरादों और इरादों को समझे बिना, और इस बात पर ध्यान दिए बिना कि कोई और मेरे या प्रकृति के बारे में क्या जानता है, एक साथ काम करना सबसे मुश्किल है, सबसे ज्यादा असंभव है।

यदि एआई सिस्टम वास्तव में हमारे बीच चलने के लिए हैं, तो उन्हें यह समझने में सक्षम होना होगा कि हम में से प्रत्येक के विचार और भावनाएं और अपेक्षाएं हैं कि हमारे साथ कैसा व्यवहार किया जाएगा। और उन्हें अपने व्यवहार को उसी के अनुसार समायोजित करना होगा।

4. आत्म-जागरूकता एआई

एआई के चरण 4 में, कुछ दूर के भविष्य में, शायद ए.आई. निर्वाण प्राप्त करता है मतलब आत्मज्ञान हो सकता है। भविष्य में इस तरह के एआई सिस्टम की कल्पना की जा सकती है! मानव से परे एक आत्म-जागरूक बुद्धि में एक स्वतंत्र बुद्धि होती है, और संभावना है कि लोगों को इसके द्वारा बनाई गई इकाई के साथ बातचीत करनी होगी। सिस्टम किस प्रकार के परिणाम प्रस्तुत करेंगे इसका पता लगाया जा सकता है!

एआई विकास का अंतिम चरण उन प्रणालियों का निर्माण करना है जो अपने बारे में आत्म-जागरूक प्रतिनिधित्व बना सकें। आखिरकार, हमें न केवल चेतना को समझना होगा, बल्कि उन मशीनों का निर्माण भी करना होगा जिनमें इस प्रकार की बुद्धि विकसित की जा सके!

चेतना को एक कारण से "आत्म-जागरूकता" भी कहा जाता है। ("मुझे वह पुस्तक चाहिए" "मुझे पता है कि मुझे वह पुस्तक चाहिए"

से बहुत अलग कथन है।) सचेत प्राणी स्वयं के बारे में जानते हैं, अपनी आंतरिक अवस्थाओं के बारे में जानते हैं, और दूसरों की भावनाओं का अनुमान लगाने में सक्षम होते हैं। हम मानते हैं कि ट्रैफिक में हमारे पीछे कोई हॉर्न बजा रहा है, गुस्सा या अधीर है, क्योंकि जब हम दूसरों को हॉर्न देते हैं तो हमें ऐसा ही लगता है। मन के सिद्धांत के बिना, हम इस प्रकार के अनुमान नहीं लगा सकते थे।

जबकि हम शायद ऐसी मशीनें बनाने से दूर हैं जो आत्म-जागरूक हैं, हमें अपने प्रयासों को स्मृति, सीखने और पिछले अनुभवों के आधार पर निर्णय लेने की क्षमता को समझने पर ध्यान केंद्रित करना होगा। मानव बुद्धि को अपने आप समझने के लिए यह एक महत्वपूर्ण कदम है। और यह महत्वपूर्ण है अगर हम उन मशीनों को डिजाइन या विकसित करना चाहते हैं जो उनके सामने जो कुछ देखते हैं उसे वर्गीकृत करने में साधारण क्षमता से अधिक हैं।

एआई-प्रकृति विकास जीवन चक्र

एआई-प्रकृति विकास जीवन चक्र को समझने के लिए, एआई प्रकृति जीवन चक्र कैसे काम करता है, इसके साथ शुरुआत करना सबसे अच्छा है। सबसे पहले, कोई मॉडलिंग के लिए डेटा तैयार करता है। फिर कोई इस डेटा पर एक फ्रेमवर्क को प्रशिक्षित करता है। ऐसा होने के बाद, मॉडल ग्राहक को दिया जाता है। टीम के सदस्य तब यह निर्धारित करने के लिए मॉडल का विश्लेषण करते हैं कि क्या यह उपयोगकर्ता के लिए वास्तविक मूल्य लाता है। यदि सब कुछ ठीक रहा, तो चक्र नए डेटा, मॉडल और विश्लेषण के साथ खुद को दोहराएगा। हर समय, एआई-प्रकृति में काम करने वाले लोग चक्र की दक्षता में सुधार के लिए काम करते हैं।

चित्र: एआई- प्रकृति विकास जीवन चक्र

चरण 1: प्रकृति डेटा इंजीनियरिंग

डेटा वह नींव है जिस पर एआई- प्रकृति विकास जीवन चक्र का निर्माण होता है। पारंपरिक डेटा को विभिन्न प्रकार के डेटाबेस और फ़ाइलों में संग्रहीत किया जाता है, जबकि बड़ा डेटा संरचित या असंरचित डेटा होता है, जो संख्याओं, चित्र, वीडियो या ऑडियो के प्रारूप में बड़ी मात्रा में जैसे टेराबाइट, पेंटाबाइट्स, एक्साबाइट्स के रूप में विशेष रूप से संग्रहीत होता है।

डेटा इंजीनियर प्रकृति से जुड़े हुए डेटा तैयार करने और इसे उन स्वरूपों में बदलने के लिए जिम्मेदार होते हैं जिनका टीम के अन्य सदस्य उपयोग कर सकते हैं। उन्हें मजबूत कोडिंग और सॉफ्टवेयर इंजीनियरिंग कौशल की आवश्यकता होती है, आदर्श रूप से मशीन सीखने के कौशल के साथ मिलकर उन्हें डेटा से संबंधित अच्छे डिजाइन निर्णय लेने में मदद करती है। इसके लिए कई तरह के डाटा टूल्स का उपयोग किया जाता है उदाहरण के तौर पर एसक्यूएल, ऑब्जेक्ट ओरिएंटेड प्रोग्रामिंग, पाइथन, जावा इत्यादि

डेटा इंजीनियरिंग में सामान्य कार्यों में शामिल हैं:

- आवश्यक डेटा को परिभाषित करना

- डेटा एकत्र करना
- डेटा लेबलिंग करना
- डेटा का निरीक्षण और सफाई
- डेटा को प्रोसेस करना
- डेटा ले जाना और डेटा पाइपलाइन बनाना
- डेटा पूछताछ
- ट्रेसिंग डेटा

एआई- प्रकृति विकास चक्र का यह हिस्सा उस नींव का निर्माण करता है जिस पर अगले चरण बनाए जाते हैं, जिससे परियोजना के परिणामों को समग्र रूप से निर्धारित करना महत्वपूर्ण हो जाता है। जैसा कि एआई प्रौद्योगिकी में एक आम कहावत है, "कचरा अंदर, कचरा बाहर"।

चरण 2: मॉडल का विकास

जब हम एआई- प्रकृति विकास चक्र के बारे में बात करते हैं तो, मॉडलिंग सेक्शन बहुत खास हिस्सा है। हमें यह चरण सबसे ज्यादा पसंद है क्योंकि यह वह जगह है जहां प्रकृति और विज्ञान एक साथ आते हैं और एक परिणाम प्रदान करने के लिए विलीन हो जाते हैं। हमारा मानना है कि मानव जाति के विकास के लिए प्रौद्योगिकी का उपयोग प्रकृति के माध्यम से उपयोग एक कला है, क्योंकि दो अलग-अलग वैज्ञानिकों के पास फीचर इंजीनियरिंग और इस्तेमाल किए गए एल्गोरिदम की पसंद के माध्यम से समस्याओं का सामना करने के अलग-अलग तरीके होंगे, जो अपने आप में बहुत सुंदर होंगे।

एआई- प्रकृति मॉडलिंग के लिए सौंपे गए लोग डेटा में पैटर्न की तलाश करते हैं जो किसी संगठन को विभिन्न निर्णयों के परिणामों की भविष्यवाणी करने, जोखिमों और अवसरों की पहचान करने या कारण-और-प्रभाव संबंधों को निर्धारित करने में बहुत मदद कर सकता है।

मॉडलिंग में सामान्य कार्यों में शामिल हैं:

- संभाव्य और सांख्यिकीय मॉडल फिटिंग

- एआई-प्रकृति डेटा का प्रशिक्षण
- त्वरित प्रशिक्षण
- मूल्यांकन मेट्रिक्स को परिभाषित करना
- मुख्य पैरामीटर्स खोजना

चरण 3: परिनियोजन

एआई- प्रकृति विकास चक्र का यह हिस्सा एक अच्छे मॉडल को उपयोगी उत्पाद में बदल देता है। डेटा की धाराओं को एक मॉडल के साथ जोड़ा जाता है और उत्पादन से पहले परीक्षण किया जाता है। क्लाउड कंप्यूटिंग प्रौद्योगिकियां परिनियोजन को अधिक तेज़ और अधिक सफल बना सकती हैं।

परिनियोजन में कार्यों में शामिल हैं:

- प्रोटोटाइप कोड को प्रोडक्शन कोड में बदलना
- मॉडल को परिनियोजित करने के लिए क्लाउड परिवेश की स्थापना
- ब्रांचिंग करना
- प्रतिक्रिया समय में सुधार और बैंडविड्थ की बचत
- मॉडल पैरामीटर, आर्किटेक्चर और डेटा को संग्रहीत करने वाली फ़ाइलों को एकत्रित करना
- किसी मॉडल का उपयोग करने के लिए किसी एप्लिकेशन के लिए एपीआई बनाना
- मॉडल को फिर से प्रशिक्षित करना
- संसाधन-विवश उपकरणों पर फिटिंग मॉडल

चरण 4: विश्लेषण और रखरखाव

किसी भी विज्ञान परियोजना का उद्देश्य मूल्य प्रदान करना है, और इसका आमतौर पर उपयोग सामाजिक कार्यों के लिए किया जाता है। आप पूछ सकते हैं कि परिनियोजन के बाद मॉडल का क्या होता है। यहीं से विश्लेषण और रखरखाव आता है। इस चरण में टीम के सदस्य लाभ बढ़ाने या अनुत्पादक मॉडल को छोड़ने के लिए सुझाव देते हैं या

परिवर्तन करते हैं।

एआई- प्रकृति विकास चक्र के इस क्षेत्र में यह अनुशंसा की जाती है कि टीम के सदस्यों के पास मजबूत संचार कौशल, प्रकृति के विभिन्न तत्वों का ज्ञान और वैज्ञानिक कौशल के साथ-साथ किसी दिए गए डेटा विज्ञान परियोजना के लिए आवश्यक विश्लेषण सिद्धांत हों।

विश्लेषण और रखरखाव के कार्यों में शामिल हैं:

- डेटा विज़ुअलाइज़ेशन का निर्माण
- बिजनेस इंटेलिजेंस के लिए डैशबोर्ड बनाना
- ग्राहकों या सहकर्मियों को तकनीकी कार्य प्रस्तुत करना
- आँकड़ों का कार्रवाई योग्य व्यावसायिक अंतर्दृष्टि में अनुवाद करना
- डेटासेट का विश्लेषण
- परिनियोजित मॉडलों का विश्लेषण करने के लिए प्रयोग चलाना
- परीक्षण अभियान चलाना
- सुधार व नये घटक जोड़ना

उदाहरण के लिए एक टीम को पर्यावरण प्रदूषण के ऊपर एक काम सौंपा गया! विश्लेषण एंड रखरखाव चरण के अंदर उसका ग्राफिकल विसुअलिज़ेशन आता है कि जो कि पूरी रिपोर्ट बताता है कि उसमें कितना प्रतिशत पर्यावरण प्रदूषण है और वह किन कारणों से है! इस चरण के माध्यम से इसमें सुधार और प्रौद्योगिकी के उपयोग से उसको कैसे हल किया जा सकता है!

स्मार्ट खेती में एआई संचालित प्रौद्योगिकी की भूमिका

प्रकृति के सतत विकास के लिए कृषि उद्योग का एक महत्वपूर्ण योगदान रहा है! अनादि काल से कृषि मनुष्य का प्रमुख व्यवसाय रहा है। इसने दुनिया भर के उद्योगों के लिए भोजन और कच्चे माल के प्रावधान में महत्वपूर्ण भूमिका निभाई है। पिछले कुछ वर्षों में, खेती की प्रक्रिया कच्चे औजारों जैसे कुदाल और कटलस के उपयोग से लेकर फसलों को बोने और कटाई के लिए ट्रैक्टर जैसी भारी मशीनों को अपनाने तक विकसित हुई है।

प्रौद्योगिकी ने पिछले कुछ वर्षों में खेती को फिर से एक नया रूप दिया है और तकनीकी विकास ने कृषि उद्योग को एक से अधिक तरीकों से प्रभावित किया है। दुनिया भर के कई देशों में कृषि मुख्य व्यवसाय है और बढ़ती जनसंख्या के साथ, जो संयुक्त राष्ट्र के अनुमानों के अनुसार 2050 में 7.5 बिलियन से बढ़कर 9.7 बिलियन हो जाएगी, भूमि पर अधिक दबाव होगा क्योंकि केवल 4% अतिरिक्त भूमि होगी, जो 2050 तक खेती के दायरे में आ जाएगा। इसका मतलब है कि किसानों को कम जगह में ज्यादा करना होगा। इसी सर्वेक्षण के अनुसार, अतिरिक्त दो अरब लोगों को खिलाने के लिए खाद्य उत्पादन में 60% की वृद्धि करनी होगी। हालांकि, इस भारी मांग को संभालने के लिए पारंपरिक तरीके पर्याप्त नहीं हैं। यह किसानों और कृषि कंपनियों को उत्पादन बढ़ाने और कचरे को कम करने के नए तरीके खोजने के लिए प्रेरित कर रहा है। नतीजतन, आर्टिफिशियल इंटेलिजेंस (एआई) कृषि उद्योग के तकनीकी विकास के हिस्से के रूप में तेजी से उभर रहा है। अतिरिक्त दो अरब लोगों को खिलाने के लिए 2050 तक वैश्विक खाद्य उत्पादन को 50% तक बढ़ाने की चुनौती है। एआई- प्रकृति संचालित समाधान न केवल किसानों को दक्षता में सुधार करने में सक्षम करेंगे, बल्कि वे मात्रा, गुणवत्ता में भी सुधार करेंगे और फसलों को तेजी से बाजार में लाने के लिए भी सुनियोजना बनाई जाएगी!

किसान अब सटीक खेती, फसल की नमी पर नज़र रखने, मिट्टी की संरचना और बढ़ते क्षेत्रों में तापमान जैसी तकनीकों के लिए एआई का उपयोग कर रहे हैं, जिससे उन्हें अपनी फसलों की देखभाल करने और पानी या उर्वरक की पर्याप्त मात्रा तय करने का अध्ययन करके अपनी पैदावार बढ़ाने की जानकारी मिलती है।

जनसंख्या वृद्धि, भूमि पर सरकारी नीतियों और कृषि आदानों से जुड़ी अन्य समस्याओं ने कृषि क्षेत्र को बहुत प्रभावित किया है। 2050 तक विश्व की आबादी 10 अरब लोगों तक पहुंचने की उम्मीद के साथ, खाद्य आपूर्ति अपर्याप्त हो सकती है, और कृषि योग्य भूमि एक दुर्लभ वस्तु होगी, इस प्रकार भूमि वार्तालाप और "सटीक कृषि" की आवश्यकता शुरू हो जाएगी जहां कम भूमि का उपयोग अधिक भोजन

का उत्पादन करने के लिए किया जाएगा।

कृषि क्षेत्र का औसत मूल्य 5 ट्रिलियन डॉलर तक सीमित होने के साथ, उद्योग अब स्वस्थ फसलों के उत्पादन के लिए प्रौद्योगिकी और एआई- प्रकृति संचालित प्रक्रियाओं के उपयोग की ओर रुख कर रहा है, कृषि इनपुट और आउटपुट के लिए कृषि डेटा को व्यवस्थित कर रहा है, कीट नियंत्रण, सर्वेक्षण कृषि उपकरण, मॉनिटर मिट्टी और बढ़ती परिस्थितियों, कृषि कार्यभार में सहायता, और यहां तक कि खाद्य आपूर्ति श्रृंखला में कुछ कृषि-आधारित प्रक्रियाओं की दक्षता में सुधार।

पारंपरिक कृषि बनाम एआई संचालित कृषि

स्मार्ट खेती में एआई-आधारित प्रौद्योगिकी की शुरुआत से पहले, अधिकांश कृषि उत्पाद और प्रक्रियाएं भोजन और अन्य कृषि उत्पादों के उत्पादन के लिए भूमि के विशाल क्षेत्रों के उपयोग पर बहुत अधिक निर्भर करती थीं। खेती की इस पारंपरिक पद्धति में उर्वरकों और कीटनाशकों जैसे बहुत सारे कृषि आदानों, फसलों के निरीक्षण और खेत की अन्य गतिविधियों, भारी मशीनरी और कई अन्य कारकों के लिए एक बड़े कार्यबल की आवश्यकता होती है। हालांकि ये प्रक्रियाएं प्रभावी थीं, उन्होंने पर्यावरण में प्रदूषण की दर में वृद्धि की, महंगी थी, और सबसे बढ़कर, बढ़ती आबादी की बढ़ती आवश्यकता को पूरा नहीं कर सकती! खेती के पारंपरिक तरीके पूरी तरह से गलती से परीक्षण पर आधारित थे जहां किसान केवल अपनी फसल लगाते थे और परिणाम की प्रतीक्षा करते थे। एआई-संचालित स्मार्ट खेती तालिका में प्रभावशीलता, सुरक्षा और सटीकता लाती है। यह सर्वोत्तम उत्पादन के लिए आवश्यक कृषि आदानों की सटीक मात्रा की गणना करने के लिए कृषि डेटा का उपयोग करता है, फसलों की पसंद और खेती के फैसले को प्रभावित करने के लिए संभावित मौसम की स्थिति की भी भविष्यवाणी करता है और सबसे ऊपर, जैविक के विकास को बढ़ावा देते हुए एक बड़े कार्यबल की आवश्यकता को कम करता है।

एआई-संचालित प्रौद्योगिकियों और सटीक कृषि से जुड़े कुछ लाभों में निम्नलिखित शामिल हैं, लेकिन इन्हीं तक सीमित नहीं हैं!

क) कृषि डेटा का विश्लेषण

एआई की मदद से, कृषि पर निर्णय लेने को प्रभावित करने के लिए तापमान, मौसम की स्थिति, मिट्टी की स्थिति और मिट्टी के उपयोग जैसे कृषि डेटा को प्रभावी ढंग से एकत्र और विश्लेषण किया जा सकता है। यह कृषि योजना को अधिक उत्पादक बना सकता है और इस प्रकार, खेत पर फसलों की उपज को प्रभावी रूप से बढ़ाया जा सकता है। इस तकनीक से किसान आत्मविश्वास से खेती के आंकड़ों के आधार पर सबसे अच्छा प्रदर्शन करने वाली फसलों का चयन कर सकते हैं और समय और संसाधन दोनों की लागत को कम कर सकते हैं। उर्वरकों के उपयोग की मात्रा उत्पादन में वृद्धि या कमी को प्रभावित करती है। एकत्र किए गए इस पिछले डेटा का उपयोग यह जानने या भविष्यवाणी करने के लिए किया जा सकता है कि क्या काम करना है और क्या नहीं। एआई पिछले डेटा और अन्य सेंसर, पर्यावरण डेटा को ध्यान में रखते हुए मौसम से पहले सर्वोत्तम संभव फसल सुझाव प्रदान करने में सहायक सिद्ध साबित हो रही है!

ख) फसल की गुणवत्ता और सटीकता में सुधार

स्मार्ट कृषि में भूमि पर पोषक तत्वों का पता लगाने के लिए एआई-आधारित प्रक्रियाओं का उपयोग किया जाता है, पौधों और जानवरों दोनों में बीमारियों के संभावित प्रकोप की भविष्यवाणी करती है। सटीक कृषि भी खरपतवार का पता लगाने और सर्वोत्तम कीटनाशी पर निर्णय लेने में महत्वपूर्ण भूमिका निभा सकती है। यह कृषि में कीटनाशकों के अति-उपयोग को सीमित कर सकता है, इस प्रकार, खाद्य सुरक्षा को बढ़ाते हुए प्रदूषण को नियंत्रित किया जा सकता है!

ग) कृषि सटीकता और उत्पादकता में वृद्धि

वे दिन गए जब त्रुटि प्रक्रिया द्वारा परीक्षण के माध्यम से कृषि कार्य किया जाता था। किसान अब अपनी सटीकता और उत्पादकता बढ़ाने के लिए एआई तकनीकी का उपयोग करके मौसमी पूर्वानुमान मॉडल बना सकते हैं। इन मॉडलों के साथ, किसान समय से कई महीने पहले आने वाले मौसम की सटीक भविष्यवाणी कर सकते हैं और यह तय कर सकते हैं कि क्या करना है। एआई-आधारित प्रक्रियाएं जैसे डीप लर्निंग एल्गोरिदम और कंप्यूटर विज़न, कृषि निरीक्षण के लिए यूएवी ड्रोन

तकनीकी से कृषि डेटा प्राप्त कर सकते हैं।

घ) स्वचालित कृषि प्रक्रियाएं

एआई स्वच्छ तरीके से अत्यधिक जैविक खाद्य के उत्पादन, और पैकेजिंग को बढ़ावा देता है। स्वचालित मशीनें बिना किसी मानवीय हस्तक्षेप के कृषि कार्यों को कर सकती हैं इसलिए प्रदूषण और खाद्य जनित रोगों की संभावनाओं को कम करती हैं। ये सिस्टम शेड्यूल्ड चेक और फ़ार्म चला सकते हैं और बेहतर उपज के लिए फ़ार्म डेटा का विश्लेषण कर सकते हैं। कृषि रोबोटों का उपयोग उनके द्वारा किए जाने वाले कार्यों के आउटपुट को सीखकर कई कार्यों को समझदारी से करने के लिए किया जा सकता है और इंसानों की तरह खुद को बेहतर बनाया जा सकता है।

कृषि क्षेत्र को एआई-संचालित सटीक कृषि तकनीकों के साथ जैविक खेती और सुरक्षित खेती के अन्य पहलुओं में एक नया रूप प्राप्त करने के लिए तैयार है। आर्टिफिशियल इंटेलिजेंस एक समय में दुनिया के एक क्षेत्र पर कब्जा कर रहा है, और इस बात का एक बड़ा वादा है कि यह अत्यधिक श्रम-गहन कृषि प्रक्रियाओं में प्रभावशीलता और आसानी कैसे ला सकता है। वैश्विक स्मार्ट कृषि बाजार का मूल्य 2018 में 5.3 बिलियन अमरीकी डॉलर था और वर्ष 2026 तक 14.1 बिलियन अमरीकी डालर तक पहुंचने की उम्मीद है, 12.7% की सीएजीआर पर (स्रोत: रिपोर्ट और डेटा)

जैसा कि हम मनुष्य 2050 तक लगभग 10 बिलियन (संयुक्त राष्ट्र की रिपोर्ट के अनुसार) एक प्रजाति के रूप में विस्फोट करते हैं और ग्रह एक ही आकार में अपरिवर्तित रहता है, यह हमारी लगातार बढ़ती खाद्य आवश्यकताओं का समर्थन करने के लिए भूभाग पर जबरदस्त दबाव डाल रहा है। इसके अतिरिक्त, ग्लोबल वार्मिंग, वनों की कटाई, मिट्टी के कटाव और घटते जल संसाधनों की समस्याएं हैं, जो हमारे पृथ्वी ग्रह की प्रचंड भोजन की जरूरतों को पूरा करने और पूरा करने के मामले में बुनियादी मानव अस्तित्व के लिए कुछ गंभीर समस्याएं पैदा करती हैं।

आज, कृषि उद्योग तकनीकी प्रगति के शिखर पर है, जिसमें स्मार्ट मशीनें और बुद्धिमान रोबोट, धीरे-धीरे लेकिन स्थिर रूप से कृषि

में अपना रास्ता बना रहे हैं। वे आर्टिफिशियल इंटेलिजेंस (एआई) एल्गोरिदम, डीप लर्निंग (डीएल), मशीन लर्निंग (एमएल) सिस्टम और डेटा एनालिटिक्स द्वारा संचालित हैं जो हमें एक समाधान प्रदान कर सकते हैं और हमें एक संभावित दूसरी हरित क्रांति की ओर ले जा सकते हैं। इस तथ्य को ध्यान में रखते हुए कि ग्रह पृथ्वी अप्रत्याशित हो गई है, लेकिन अब हमारे पास एआई और बिग डेटा एनालिटिक्स जैसी प्रौद्योगिकियां हैं जो उम्मीद जगाती हैं, मानव जीवन की बेहतरी के लिए कृषि में क्रांति लाने के वादे को बड़े पैमाने पर कायम रखती हैं।

स्मार्ट कृषि में वृद्धि

स्मार्ट कृषि बाजार में वृद्धि के प्रमुख तत्वों में वैश्विक खाद्य आपूर्ति पर बढ़ा हुआ दबाव, इष्टतम फसल उत्पादन की आवश्यकता और आधुनिक प्रौद्योगिकी प्रेरित कृषि तकनीकों को अपनाने के लिए सरकारी पहल शामिल हैं।

ग्रामीण कृषि भूमि को स्मार्ट कनेक्टेड फ़ार्म में बदलते हुए देखा जाता है, जिसे हम प्रेसिजन एग्रीकल्चर कहते हैं, जो एआई, बिग डेटा, क्लाउड, आईओटी और मशीन लर्निंग जैसी स्मार्ट तकनीकों के संयोजन के माध्यम से संभव हुआ है। इसके अनुप्रयोगों को व्यापक रूप से महसूस व उपयोग किया जाता है - सूखे के पैटर्न का स्वत: पता लगाने से लेकर सेब या टमाटर के पकने के पैटर्न का पता लगाने तक, और अब हमारे पास स्मार्ट ट्रैक्टर हैं जो रोगग्रस्त और बीमार पौधों को बाहर निकालते हैं। आज, कृषि में अनुसंधान विश्लेषण, सुरक्षा, बचाव, इलाके की स्कैनिंग, स्थानिक विश्लेषण, मिट्टी के जलयोजन की निगरानी, उपज समस्याओं की पहचान आदि के लिए ड्रोन तकनीकी का व्यापक रूप से उपयोग किया जाता है।

ये स्मार्ट ड्रोन खेतों के विशाल विस्तार से रोगग्रस्त पौधों पर कीटनाशकों का सटीक छिड़काव भी करते हैं, सूक्ष्म और मैक्रोन्यूट्रिएंट्स को जोड़ने में मदद करते हैं, भौतिक गुणों जैसे नमी, रासायनिक गुणों, चूना मिलाकर पीएच संतुलन आदि की जांच करते हैं। एआई के साथ प्रेसिजन एग्रीकल्चर -पावर्ड एप्लिकेशन मैच केस की पहचान करने में सुविधा प्रदान करता है! और यह भी बताता है कि किस बीमारी ने पौधे

को अपंग कर दिया है और बाद में, इसके रोग इमेजरी डेटाबेस की सूची से मिलान करें, सुधारात्मक उपाय किए जा सकते हैं। इसलिए, स्मार्ट कृषि में एआई और डेटा एनालिटिक्स की संभावनाएं अनंत लगती हैं। एकत्रित और विश्लेषण किए गए डेटा को किसानों की आवश्यकताओं और जरूरतों के अनुसार भेजा जाएगा।

एआई तकनीक को अपनी कृषि पद्धतियों में अपनाने वाले किसान निस्संदेह एक महत्वपूर्ण लाभ प्राप्त करेंगे। एक किसान को लाभ पहुंचाने के लिए आपको अधिक कृषि उपज के लिए एक स्मार्ट तकनीक की आवश्यकता है। इस प्रक्रिया में बड़े कृषि फार्मों में कई डेटा बिंदुओं का मंचन और कई डेटा बिंदुओं और ड्रोन, सेंसर और स्मार्ट कैमरा आदि जैसे विभिन्न एज डिवाइसों से सटीक और प्रासंगिक जानकारी एकत्र करना शामिल है, जो कुछ बुद्धिमान निगरानी और विश्लेषण प्रणालियों के साथ संचालित होता है जो अंततः किसानों को स्मार्ट जानकारी प्रदान करने में मदद करता है।

एआई की मदद से किसानों को समय पर, फास्ट, और प्रासंगिक जानकारी मिल सकती हैं, इसके परिणाम स्वरूप किसानों को बुवाई के सही समय, मिट्टी के विश्लेषण, आवश्यक पानी और पोषक तत्वों की मात्रा और मौसम अपडेट संबंधित जानकारी समय-समय पर मिलती रहती है! जिससे कि किसानों को भारी लाभ मार्जिन अर्जुन करने में काफी महत्वपूर्ण योगदान रहता है!

एआईअन्यउभरतीप्रौद्योगिकियोंकेसाथजोड़तीहै

एआई को एमएल, बिग डेटा एनालिटिक्स और जीपीएस, ड्रोन, सेंसर, आरएफआईडी और एलईडी लाइट जैसे आईओटी-संचालित स्मार्ट एज उपकरणों के साथ मिलाकर व्यापक रूप से प्रकृति से जुड़े हुए कई मामलों में स्मार्ट कृषि, पशुधन निगरानी, मछली पालन और स्मार्ट ग्रीनहाउस में उपयोग किया जाता है।

प्रौद्योगिकियां जो कृषि उपज को अधिकतम करने में सहायता करती हैं

किसान भविष्य की स्मार्ट तकनीकों को कृषि पद्धतियों में अपनाकर प्रति एकड़ 5-6 गुना तक बढ़े हुए कृषि उत्पादन के अपने

सपनों को वास्तविकता में बदल सकते हैं, जिससे प्रत्येक एकड़ का अधिकतम लाभ उठाया जा सके। किसी भी मानक से, यह एक बहुत बड़ा आंकड़ा है। पहले की तरह आज की तकनीक किसानों को एक बड़ी छलांग लगाने के लिए सशक्त बना रही है, जिससे उनके जीवन की गुणवत्ता में सतत विकास हो रहा है। एक किसान की दृष्टि से उनके छोटे से खेत पर यह एक बड़ा चमत्कार से कम नहीं होगा जो कि उनके रहन-सहन में परिवर्तन में सहायक सिद्ध साबित होगा!

हम जैविक खाद्य संस्कृति से एआई-सक्षम स्मार्ट सटीक कृषि और स्मार्ट कनेक्टेड कृषि संस्कृति में विकसित हो रहे हैं जहां प्रौद्योगिकी एक किसान को वास्तव में पुरस्कृत तरीके से निर्देशित और सशक्त बनाती है। सदियों से, दुनिया भर के किसान, विशेष रूप से एशियाई देशों में, सभी प्रकार के बाहरी और आंतरिक कारकों जैसे अप्रत्याशित प्रतिकूल मौसम, कीट समस्याओं, पानी की कमी या यहां तक कि सूखे के साथ एक लंबी लड़ाई लड़ रहे हैं। अब, एआई और बिग डेटा एनालिटिक्स के साथ इस प्रवृत्ति को परिवर्तित किया जा सकता है, जो कि किसान समुदाय को लाभान्वित करने वाले एक सच्चे रहस्योद्घाटन के रूप में उभरा है। यह खेत के हर इंच का अनुकूलन करता है और तकनीकी रूप से तात्पर्य है कि खेत का कोई भी हिस्सा अप्रयुक्त नहीं जाता है जैसा कि पारंपरिक खेती के साथ हुआ करता था। आज की स्मार्ट तकनीक यह सुनिश्चित करती है कि हर पौधे को स्वास्थ्य और विकास पर नज़र रखने के लिए स्कैन किया जाए, और किसी भी स्थायी कीट समस्याओं की पहचान की जाए और किसान को सूचित किया जाए - ऐसा कुछ जो पारंपरिक कृषि विधियों के साथ संभव नहीं था।

कृषिकाभविष्यहोगाप्रौद्योगिकी-सशक्त

एआई तकनीक इतनी उन्नत हो गई है कि आजकल हमारे पास ट्रैक्टर मशीनरी है जो सूखे के पैटर्न की तस्वीरें देने वाले संक्रमित पौधों और उपग्रह इमेजरी को मात देती है। एआई-पावर्ड प्लांट ऐप 'प्लांटिक्स' किसानों के लिए एक सच्चा वरदान साबित हुआ। यह एक पौधा रोग और निदान उपकरण है, जो पौधों के बारे में पूरी जानकारी प्रस्तुत करता है। यह पौधे की बीमारी की पहचान करने में मदद करता है और किसानों

द्वारा किए जाने वाले सुधारात्मक उपायों का सुझाव देता है।

कृषि क्षेत्र का भविष्य स्मार्ट प्रौद्योगिकियों और मशीनों के हाथों में है, और जल्दी अपनाने वालों को निश्चित रूप से अच्छे परिणाम मिलेंगे! हालांकि लागत का हिस्सा अभी तक स्पष्ट नहीं है, लेकिन एक बात निश्चित है, अधिक से अधिक प्रौद्योगिकी खिलाड़ियों के बाजार में प्रवेश करने के साथ, बढ़ती प्रतिस्पर्धा प्रभावोत्पादकता और लागत में कमी लाती है जिसके परिणामस्वरूप बड़े पैमाने पर इसे अपनाया जाता है, जिसमें न केवल किसान, बल्कि हम सभी शामिल हैं। कृषि परिणामों और खाद्य उत्पादकता से लाभ होगा। किसान न केवल अपने लंबे समय से चले आ रहे कृषि संकट से छुटकारा पा सकते हैं, बल्कि उनके पास सीमित कृषि भूमि से भी उन्हें 'छोटे' से 'स्मार्ट' में बदलकर भारी मुनाफा कमा सकते हैं।

लेकिन, इसे वास्तविकता में बदलने के लिए, उद्योग जगत के नेताओं, प्रौद्योगिकी कंपनियों और कृषि विशेषज्ञों को एआई की क्षमता में सुधार, नवाचार और दोहन के लिए लगातार सहयोग और काम करना होगा। साथ ही, दुनिया भर की सरकारों को यह संदेश फैलाना चाहिए कि किसानों को एआई जैसी उभरती प्रौद्योगिकियों को अपनाने के लिए शिक्षित और प्रोत्साहित करके सटीक कृषि कितनी महत्वपूर्ण है, जो कृषि उपज उत्पादकता में सुधार करने की जबरदस्त क्षमता वाले गेम-चेंजर साबित हो रही है। कृषि क्षेत्र से जुड़े हुए सभी हितधारकों को सरकार की तरफ से, प्राइवेट ऑर्गेनाइजेशंस की तरफ से समय-समय पर प्रौद्योगिकी का कृषि क्षेत्र में उपयोग के बारे में वर्कशॉप, ट्रेनिंग दी जाये जिसके तहत हमारे किसान अपने आप में सशक्त हो पाएंगे! आज हम लोग जो भी रोजमर्रा की जिंदगी में काफी वस्तुये उपयोग करते हैं वह सभी प्रकृति और कृषि क्षेत्र से जुड़ी हुई है एआई तकनीक के कृषि क्षेत्र में उपयोग के माध्यम से वस्तुएं कम कीमत में और गुणवत्ता के साथ बाजार में उपलब्ध होगी जिसका फायदा सभी लोगों को होगा इसी को मद्देनजर रखते हुए इस क्षेत्र में हमें ध्यान देना चाहिए!

एआई और अन्य उभरती प्रौद्योगिकियों को जल्दी अपनाने से खेती में महत्वपूर्ण लाभ होगा। यह किसानों को बढ़े हुए कृषि उत्पादन, बेहतर

धन के साथ मदद करेगा, और सबसे महत्वपूर्ण बात यह है कि यह सटीक कृषि और टिकाऊ खेती को पूरी मानव जाति को लाभान्वित करने वाली वास्तविकता बना देगा।